Moeda sem efígie

A crítica de Hans Jonas à ilusão do progresso

Jelson Oliveira

KOTTER
EDITORIAL

Coordenação Editorial: Sálvio Nienkötter
Editor-Executivo: Claudecir de Oliveira Rocha
Editor-adjunto: Daniel Osiecki
Capa: Jussara Salazar
Design editorial: Carlos Garcia Fernandes
Produção: Cristiane Nienkötter
Revisão e preparação de originais: O Autor

Dados Internacionais de Catalogação na Publicação (CIP)
Angelica Ilacqua CRB-8/7057

Oliveira, Jelson
Moeda sem efígie : a crítica de Hans Jonas à ilusão do progresso / Jelson Oliveira. — Curitiba : Kotter Editorial, 2023.
184 p.

ISBN 978-65-5361-220-4

1. Filosofia 2. Jonas, Hans – 1903-1993 I. Título
CDD 100

23-3120

Kotter Editorial Ltda.
Rua das Cerejeiras, 194
CEP: 82700-510 - Curitiba - PR
Tel. + 55(41) 3585-5161
www.kotter.com.br | contato@kotter.com.br

Feito o depósito legal
1ª Edição
2023

Moeda sem efígie

A crítica de Hans Jonas à ilusão do progresso

Jelson Oliveira

COLEÇÃO

Mire e Veja

"As verdades são ilusões, das quais se esqueceu que o são,
metáforas que se tornaram gastas e sem força sensível,
moedas que perderam sua efígie e agora só entram em
consideração como metal, não mais como moedas."
Friedrich Nietzsche

"A era do desenvolvimento chegou ao fim.
Chegou a hora de escrever o panegírico".
Wolfgang Sachs

"A flecha do progresso está quebrada e o futuro perdeu seu brilho:
o que temos pela frente são mais ameaças do que promessas."
Wolfgang Sachs

"Nosso apetite pelo consumo não deve mais crescer
constantemente, como tem acontecido até agora.
Precisamos adotar um modo de vida mais moderado.
Se não estivermos prontos para o sacrifício,
haverá pouca esperança."
Hans Jonas

"Não se trata de saber precisamente o que o homem ainda é capaz de fazer
(...) mas o quanto a natureza é capaz de suportar"
Hans Jonas

"Assim falou a águia, ao perceber as penas na flecha que a perfurava:
então somos abatidas por nossas próprias asas".
Ésquilo

Agradecimentos

Sou profundamente agradecido ao Programa de Pós-Graduação em Filosofia e à Escola de Educação e Humanidades da Pontifícia Universidade Católica do Paraná pela licença concedida para a realização do estágio de pós-doutorado na Université Catholique de Louvain-la-Neuve, na Bélgica, no segundo semestre de 2022, do qual o presente texto é um dos resultados.

Sou grato aos/às colegas pesquisadores/as (estudantes e professores/as) do GT Hans Jonas da ANPOF, organizados/as no Centro Hans Jonas Brasil e na Cátedra Hans Jonas da PUCPR. Desde 2010, esse grupo tem traduzido, comentado e debatido (antropofagicamente) a filosofia jonasiana em solo nacional, sendo para mim fonte de profundas e ricas intuições.

Agradeço ao Departamento de Filosofia da Université Catholique de Louvain-la-Neuve e especialmente à Profa. Nathalie Frogneux, mestre e amiga, pela recepção, inspiração, confiança e amizade durante o período de pesquisa na Bélgica, que foi apenas um capítulo na parceria que mantemos há muitos anos.

Agradeço aos Frades Dominicanos da Província da Bélgica pela hospedagem que possibilitou um ambiente tranquilo e acolhedor para a realização da pesquisa e ao José Fernandes, que mediou esse apoio.

Sumário

Introdução

O Progresso chegou às minhas mãos, pela primeira vez, na forma de um folder colorido que incentivava os gaúchos a se mudarem para uma nova terra, no norte do Brasil, que se tornaria, logo em seguida, o Estado do Tocantins. Adolescente, eu vivia em uma pequena cidade do noroeste do Rio Grande do Sul chamada Giruá, então com pouco menos de trinta mil habitantes[1]. O nome do município deriva da fruta amarela que se pendura em pencas por meio de uma coroa espinhenta, chamada pelos indígenas Guarani que habitavam aquela região, de *J'erivá*. Hoje é conhecida como butiá, devido à variação linguística promovida pelos alemães no início do século XIX (entre os quais os meus avós maternos), que chegavam àquelas terras cobertas por uma majestosa vegetação de palmeiras que alcançavam até sete metros de altura e vertiam abundantes e fartos cachos dourados. Depois de roída a polpa, o caroço era secado ao sol e quebrado para retirada de uma castanha apreciada pelas crianças como verdadeira iguaria. Lembro de macerar os dedos em muitas ocasiões enquanto batia com uma pedra para romper o caroço cascudo e duro que se escondia por trás do corpo amarelo carnoso da fruta que meu pai costumava curtir na cachaça, e minha mãe guardar como relíquia em vidros de compota que eram abertos com pompa e circunstância em dias de visita importante.

Giruá, naquele final da década de 1980, depois de viver dias de glória, com a chegada da ferrovia até o noroeste riograndense, já era considerado um lugar do "atraso": sem emprego, esquecido na geografia das missões jesuíticas[2], habitado por famílias com muitos filhos e pouca terra, que plantavam e colhiam, no geral, para a subsistência... o Progresso

[1] Hoje a população da cidade caiu mais de um terço, não passando de dezesseis mil (Dados do IBGE de 2019).

[2] A cidade forma parte do território da redução jesuítica de Santo Ângelo Custódio, um dos Sete Povos das Missões, fundados a partir do final do século XVII, quando os jesuítas voltaram à região.

passava longe daquilo tudo. Foi por isso que para muitas famílias, como a minha, aquele folder parecia tão encantador: uma terra nova, ampla, cheia de vida e esperanças de prosperidade. A "terra do Progresso", dizia uma placa enorme erguida às margens da rodovia Belém-Brasília, logo na entrada do Estado do Tocantins, a 80 quilômetros de onde meus pais, irmãos, tios e primos foram viver, no coração do país. Essa terra feita de promessas exigia trabalho e sacrifício – era preciso abrir a terra, desmatar o cerrado para que cedesse lugar às roças de arroz e soja. Os gaúchos, no geral, convencidos pelo discurso oficial que assumiam como seu, sentiam-se os próprios arautos do Progresso, missionários da nova crença que haveria de salvar do atraso e do abandono as pobres almas que ali viviam. As constantes procissões de máquinas que chegavam do sul, misturadas com mobiliários e sonhos, eram assistidas com espanto pela população local, formada por descendentes de indígenas[3], caboclos e posseiros, tidos como preguiçosos, porque não "usavam" as longas extensões de terra das quais eram proprietários, reduzindo seu horizonte às casas de adobe e chão batido e ao seu entorno de planícies retilíneas. Com olhos gordos, os sulistas compravam essas terras a baixo custo e celebravam as suas imensidões em churrascos feitos, muitas vezes, com carne de caça de animais abatidos para dar lugar ao Progresso da máquina que chegava junto com as famílias trazidas do sul como funcionárias do Progresso, com a convicção de que elas sim, seriam úteis porque "sabiam trabalhar" – máquinas e gentes cumpriam a mesma tarefa de desbravar o campo selvagem, matando plantas e bichos que raleavam ou desapareciam por completo.

Depois de quase quarenta anos, os efeitos desastrosos desse modelo são visíveis por onde quer que se coloque o olho naquela extensa geografia que se alonga entre dois grandes rios, o Tocantins à direita e o Araguaia à esquerda: fontes e riachos secaram; matas inteiras deram lugar às plantações e, logo depois, ao pasto; linhas de transmissão de energia e trilhos ferroviários cortaram as matas interpondo-se sobre o destino das pessoas; populações tradicionais foram expulsas e violadas

[3] Antes da colonização, a região era habitada pelos xingus e txucarramães. Ainda hoje diferentes grupos habitam o Estado, tendo sobrevivido às várias ondas de Progresso que dizimaram muitas comunidades e que incluem, por exemplo, a construção da Rodovia Belém-Brasília e os vários ciclos extrativistas promovidas, em especial por paulistas e sulistas que se juntavam aos nortistas e nordestinos que chegavam pelo norte para explorar a região.

em seus direitos; animais foram extintos ou vivem em situação lastimável, acuados nas poucas reservas que restaram aqui e ali enquanto – o que é pior – a maior parte da população continua pobre e faminta, vítima do próprio Progresso que ela celebrou, passando ao largo das benesses vividas por uns poucos.

Aos poucos fui me dando conta da tragédia que ali se desenvolvia e da qual eu e minha família éramos coprotagonistas, em vários sentidos. Fez parte dessa tomada de consciência, o recurso crítico das análises de conjuntura oferecidos pelas comunidades eclesiais de base e as pastorais sociais que estavam, à época, no seu auge e que atuavam com força naquela região[4]. Depois, com o cabedal teórico oferecido pela Filosofia e – confesso com modéstia – com a experiência estética que eu comecei a vivenciar naquela paisagem de miudezas que é o Cerrado (e que eu digeri aos poucos, em forma de poesia), foi possível compreender melhor o que precisava ser compreendido. As preocupações que se desenvolvem neste livro, portanto, são antigas e suas primeiras intuições remetem à vida daquele adolescente que acompanhava o pai juntando as raízes das árvores derrubadas pelo correntão que se estendia de um trator a outro sobre o Cerrado ou tirando fotos de gente ostentando jacarés, peixes e sucuris como se troféus fossem.

Quando iniciei as pesquisas em torno da obra de Hans Jonas, há quinze anos, descobri que esse autor judeu-alemão oferecia a nós, brasileiros/as, uma chance única de pensar o país que estamos construindo e o futuro que queremos deixar para nossos descendentes. Como já disse e escrevi mais de uma vez, poucos lugares do mundo vivem o conflito natureza & civilização de forma tão crua e notória como o Brasil, que é também um dos poucos países que ainda têm a chance de rever os rumos e tomar as decisões apropriadas em favor da humanidade como um todo. Antes que seja tarde.

Este livro está sendo publicado em um momento crucial para isso. Depois de quatro anos (2019-2022) de destruição, exploração desmedida, violência contra as comunidades tradicionais, índices recordes de desmatamento, poluição, garimpo e truculência, tentamos retomar as

[4] Sou especialmente grato às irmãs (Maria Luísa, Luíza Zacura e Antônia) e aos frades (Xavier Plassat e Henri des Roziers) dominicanos – além de vários leigos e leigas – que me inspiraram nesses anos iniciais.

vias da preservação e da responsabilidade. Não por acaso, uma das primeiras crises enfrentadas pelo novo governo no início de 2023 foi o genocídio dos Yanomami, povo que há décadas tenta sobreviver às mazelas do Progresso, sempre vitimado por elas.

O que segue em palavras expressa uma convicção, portanto, assumida como tarefa filosófica: é preciso, também aqui, assumir filosoficamente a tarefa autofágica de pensar com as vísceras, entender com o corpo. Para isso, também nós queremos devorar a filosofia que vem de fora para regurgitar o que é excesso e aproveitar o que nos ajuda a sermos nós mesmos, a pensarmos o que é nosso, na forma e na língua que são nossas. Apropriação é o outro nome desse esforço. Como quem traga ideias de outros, queremos adquirir as suas habilidades e vigores, para aproveitá-los em favor da tarefa que ora nos cabe, a de pensar o espaço e o tempo que nos compete viver. Aqui, buscamos fazê-lo sorvendo as ideias estrangeiras e as baralhando com os idiossincráticos modos de ser, viver e pensar de nossos povos tradicionais, intelectuais orgânicos e agentes dessa "política selvagem" (TIBLE, 2022).

* * *

Isso posto, importa aclarar que o objetivo deste livro é trazer Hans Jonas para tomar o lugar que lhe é devido no debate contemporâneo em torno do problema do Progresso, tendo como horizonte, o cenário nacional brasileiro dessa hora maiúscula. Isso exige, de um lado, retomar em linhas gerais, os principais argumentos em torno desse conceito que, de tal forma se arraigou na nossa cultura ao longo dos últimos séculos, que parece estranho e esdrúxulo colocá-lo em questão, precisamente agora – alguns dirão – quando ele parece ser ainda mais necessário; e de outro, analisar os argumentos de Hans Jonas, desenvolvidos ao longo da década de 1970 e 1980, no contexto de suas preocupações com os problemas ambientais. Como pretendemos demonstrar, Hans Jonas não só é uma voz importante no debate contemporâneo, como suas ideias refletem um contexto no qual o problema ambiental e as críticas ao Progresso e ao crescimento econômico ganharam fôlego e importância.

Este ensaio quer, portanto, situar o/a leitor/a em relação ao debate e, ao mesmo tempo, apresentar os principais argumentos que tornam

Hans Jonas um crítico ácido da "ilusão do Progresso"[5], cujo esforço não é voltar-se para o polo oposto, mas esboçar filosoficamente a possibilidade de um "Progresso com precaução", conforme sua própria formulação. Como veremos, tal proposta não deixa de ser um paradoxo, precisamente porque o Progresso, como crença e como fetiche, não admite nenhuma caução, ou seja, nenhum cuidado ou prevenção, dado que sua lógica é o deslimite e seu método a superação de qualquer baliza. Mesmo assim, para Jonas, seria preciso desfazer esse paradoxo, insistindo na circunscrição dos limites, depois dos quais entraríamos nas zonas de perigo, como as que nos encontramos hoje. Conforme sugere a própria etimologia da palavra (o latim *cautio* refere-se ao verbo *cavere*), trata-se de manter um estado de "alerta", de "atenção" e de "guarda" para evitar que o pior aconteça. Precaver-se é adiantar-se ao mal possível a fim de evitá-lo. Note-se como na ideia de um Progresso só admissível quando associado a esse cuidado, reside o argumento orientador da ética da responsabilidade proposta por Hans Jonas na sua obra magna *Das Prinzip Verantwortung*, de 1979. Isso significa que a crítica do Progresso oferece a chave para adentrarmos no conjunto rico e instigante da filosofia jonasiana, ao tempo em que nos abre (na forma de um exemplo) a porta da tarefa da Filosofia, compreendida e praticada como arte de pôr o óbvio em questão.

Nesses termos, Hans Jonas se situa entre os críticos da Modernidade na medida em que é um dos críticos do Progresso – uma das suas ideias fundantes. Levando-se em conta o que afirmou Gianni Vattimo no seu *O fim da modernidade* (2002), trata-se de questionar a tarefa fundadora do pensamento europeu, que tem permanecido refém da lógica desenvolvimentista que parte da crença na "'iluminação' progressiva, que se desenvolve com base na apropriação e na reapropriação cada vez mais plena dos 'fundamentos'" (p. vi). Eis a importância de trazermos ao debate, outras heranças e outros saberes, que não se somam simplesmente à história pretensamente legítima de ideias requentadas pelas inúmeras recuperações, renascimentos e retornos de um Ocidente sobre si mesmo, posto que fazem parte das histórias vencidas, violentamente apagadas da memória coletiva. Despedir-se da Modernidade, como sugere Vattimo, é despedir-se da lógica própria do progresso que parte sempre

[5] Referência ao título da obra de Georges Sorel, de 1969, *The Illusions of Progress.*

de uma base comum – a exigência do fundamento único, sobre o qual tudo se edifica – e um único narrador – o ponto de vista dos vencedores ("só do ponto de vista desses o processo histórico aparece como um curso unitário, dotado de consequencialidade e racionalidade" [2002, p. xiv]). É essa estabilidade teórica que Jonas questiona, porque também reconhece que "o progresso se torna *rotina* porque, no plano teórico, o desenvolvimento da técnica foi preparado e acompanhado pela 'secularização' da própria noção de progresso" (VATTIMO, 2002, p. xiii), na qual a história (em sua versão cristã) se tornou macha progressiva em busca do pretenso melhoramento das condições vitais. Assumindo o diagnóstico niilista que também está presente em Vattimo, Jonas admite que "o ideal do Progresso é vazio, seu valor final é o de realizar condições em que sempre seja possível um novo progresso" (2002, p. xiii) – no que ele se torna, precisamente, um tipo de niilismo, na medida em que perde o "para onde", na qual a própria secularização não é outra coisa que uma "dissolução da própria ideia de progresso".

* * *

O presente livro organiza-se em dez capítulos que se pretendem teoricamente graduais: parte-se de questões mais gerais para, aos poucos, alcançar os recônditos mais próprios das ideias jonasianas. Esse degradê teórico, começa por desenvolver uma espécie de genealogia crítica do conceito de Progresso até alcançar os umbrais das análises mais contemporâneas, ligadas, por exemplo, aos desafios da catástrofe e às chamadas teorias do decrescimento ou do pós-crescimento. A partir daí (capítulo 5 em diante), analisa-se a crítica de Jonas ao conceito em questão assumindo-se a tarefa exegética que exige uma aproximação com seu próprio texto filosófico. Nesse caso, mais do que um passeio pelas várias obras de Jonas, optamos por analisar mais detidamente (embora não exclusivamente) o artigo *Reflections on Technology, Progress and Utopia*, de 1981 (que resgata e aprofunda as análises desenvolvidas especialmente no capítulo V e VI de *Das Prinzip Verantwortung*). O objetivo perseguido é demostrar como a voz de Hans Jonas pode contribuir para o debate e inspirar uma atitude ética e política capaz de reverter a aporia imposta pelo próprio debate, no qual natureza e civilização seriam apresentadas como opostos irreconciliáveis. Ao recusar essa ideia, Jonas assimila em sua ética a lógica própria de sua ontologia, na qual a vida humana é compartícipe da vida do planeta. Sem essa consciência, jamais seremos capazes de sair do imbróglio no qual estamos implicados desde a Modernidade e que nos colocou cada vez mais "perto de um perverso fim"[6].

Ao falar do Progresso como uma ilusão será preciso, também, falar da desilusão que ele causa, principalmente com a crescente consciência sobre seus efeitos negativos, tanto na manutenção das desigualdades e misérias, quanto na destruição ambiental ou nos imensos riscos e ameaças trazidos pela industrialização, pela urbanização e pela degradação da natureza. As ideias e os movimentos ecológicos são parte do processo de denúncia desses danos, evidenciados hoje pela calamidade ambiental, que inclui a extinção em massa da vida na terra (a "sexta extinção"). Essas críticas, como se sabe, começam com as denúncias das ilusões do Progresso e terminam com o anúncio de outros modos de vida, com um apelo à modéstia e à responsabilidade. Jonas, nesse ponto, também é uma voz importante a ser ouvida, pela atualidade e pelo vigor de seu pensamento. Essa tarefa, contudo, tem se revelado um desafio, por dois motivos: de um lado, devido às acusações (nas mais das vezes infundadas) que ligam os críticos do Progresso ao obscurantismo, ao atraso e à obsolescência de modos de vida pretensamente inviáveis, inoportunos e inadequados; de outro, devido à "ressonância positiva" que a ideia de Progresso ainda conserva nos discursos oficiais, na mídia, entre os intelectuais e entre a população em geral. Conforme ressalta Benoist, "a teoria do Progresso persiste [sobretudo] na sua versão produtivista", na medida em que "alimenta a ideia de que o crescimento indefinido é normal e desejável, e que um futuro melhor depende de um volume cada vez maior de bens produzidos, uma ideia que favorece a globalização do comércio" e leva, como sabemos, ao esgotamento e depredação dos bens naturais e à exploração dos seres humanos. Amparado na ideologia do crescimento, sendo uma *crença* e mesmo uma *ilusão*, o Progresso se enraíza cada vez mais nas práticas individuais e coletivas cotidianas. É essa obviedade que exige, precisamente, uma avaliação crítica.

[6] Conforme sugere o título de uma entrevista de Jonas *Dem bösen Ende näher* (Gespräch mit M. Matussek und W. Kaden. Der Spiegel, 11/05/92).

Mais do que isso: a convicção de Jonas é a de que, com o conceito de Progresso, torna-se possível uma descrição da própria civilização ocidental, pois, para ele, "o 'progresso' não é um adorno ideológico da moderna tecnologia nem tampouco uma mera opção oferecida por ela (...) mas um impulso incerto nela mesma, muito além de nossa vontade" (TME[7], 31). Isso significa que abordar uma tal ilusão é abordar o próprio modo segundo o qual a nossas sociedades vêm se constituindo e compreendendo, na forma de seu *modus operandi*. É por isso que, para o autor d'*O princípio responsabilidade*, "'Progresso' não é um conceito valorativo, mas puramente descritivo" (TME, 31) embora essa não seja uma expressão neutra, "que poderíamos substituir por 'mudança'", por exemplo. Isso porque, o Progresso é uma *lei*, uma forma (uma lógica) de funcionamento social "na qual cada estágio posterior é *superior* ao precedente conforme os critérios da própria técnica", compreendida como uma empresa e um processo ininterruptos, aos quais Jonas se refere como parte de uma "vontade de *ilimitado* poder" (TME, 34), uma vontade que não conhece limites, portanto.

Neste tempo em que, mais do que nunca, nos damos conta do "perverso fim" e da catástrofe ambiental na qual já estamos implicados, refletir sobre o Progresso é tomar consciência dos riscos e danos que são intrínsecos ao modo de vida adotado (e imposto) como modelo único. Ao pensar o Progresso nesse contexto, estaríamos diante daquilo que Paolo Rossi (2000, p. 14) identificou como uma das marcas próprias da Modernidade: "uma tensão entre esperanças de novidades extraordinárias e angústias de catástrofes iminentes", um sentimento maiúsculo de naufrágio que inclui a crise da ideia de linearidade, trocada, mais uma vez, pelo sentimento da decadência civilizatória. Só pensando sobre o assunto haveremos de compreender o nosso lugar na história e, oxalá, a nossa tarefa – que Jonas caracterizou como a "primeira tarefa cósmica da Filosofia" (TME, 50).

[7] Neste trabalho, usaremos as siglas convencionais para citação da obra de Jonas: PR para referir-se à obra *O princípio responsabilidade: ensaio de uma ética da civilização tecnológica*; TME para *Técnica, Medicina e Ética*; EF para *Ensaios Filosóficos*. Outras siglas serão esclarecidas em nota de rodapé perante o seu aparecimento no corpo do trabalho. As demais citações seguem o sistema Autor-data.

1

Origem e ascensão de uma crença

O Progresso é uma crença que se traduz no uso corrente de uma moeda cujo valor se perdeu, mas que continua sendo usada como moeda. Uma moeda gasta, sem efígie, mas que continua sendo usada como moeda. É assim que seu uso, tendo perdido seu efeito real, acaba dependendo de uma crença, na medida em que seu valor depende de uma perspectiva transcendente. Conforme argumentou Bury (2014, p. 37), sendo uma crença, "o Progresso da humanidade pertence à mesma ordem de ideias que a Providência ou a imortalidade pessoal", sendo impossível, por isso, provar se é uma ideia verdadeira ou falsa, de forma que "acreditar nisso é um ato de fé".

Na prática, a crença no Progresso exprime a ideia otimista de que os acontecimentos históricos seguem um sentido desejável e se desenvolvem de acordo com um crescente aperfeiçoamento ao longo da história (a cada termo do processo é acrescentado algo novo tem termos de valor, de forma que o mais recente é sempre considerado melhor do que o anterior). Isso dá ao conceito um teor profético e até mesmo utópico, já que o futuro é visto com esperança e expectativa, pois o amanhã será sempre melhor do que o hoje. Dessa forma, a ideia de Progresso pressupõe "um elemento descritivo (a mudança ocorre numa determinada direção) e um elemento axiológico (esta progressão é interpretada como uma melhoria)" (BENOIST, 2008, p. 7) que estão articulados a três premissas básicas: toda mudança é orientada (para o melhor), é necessária (ninguém poderia impedir o Progresso) e irreversível (um retorno global ao passado é impossível). Um resumo semelhante é oferecido por Nisbet (1985, p. 321), para quem "existem ao menos cinco grandes premissas a serem encontradas na história da ideia [de Progresso] desde os gregos até nossos dias: a crença no valor do passado; a convicção da nobreza e até mesmo da superioridade da civilização ocidental; a aceitação do valor do crescimento econômico e tecnológico; a fé na razão e no tipo de conhecimento científico e acadêmico que só pode derivar da razão; finalmente, a fé na importância intrínseca e no inefável 'valor' da vida neste mundo". Nisbet considera (em tom de lamentação), em acréscimo, que os ataques sofridos pela ideia de Progresso na atualidade se devem à recusa, à desilusão ou à hostilidade com que essas premissas vêm sendo tratadas.

A história do conceito e sua chegada ao campo teórico da Modernidade deve-se a nomes como Bacon, Comte (e sua "religião do Progresso"), Darwin, Spencer e mesmo Teilhard de Chardin[8], que contribuíram para a sua associação à lógica da racionalidade científica e tecnológica. Embora eventos marcantes do século XX e XXI (entre os quais se destacam os acontecimentos ligados às duas Grandes Guerras) tenham levantado muitos questionamentos a essa lógica, é verdade que, como moeda, o Progresso continua sendo uma moeda corrente, incrementado agora pelos novos horizontes de poderes trazidos pela tecnologia e pelas promessas utópicas que incluem a expansão do conhecimento e o crescimento das capacidades de exploração da natureza, a conquista espacial e o aprimoramento humano. Embora seja, agora, uma esperança e uma projeção futurista, a verdade é que essa moeda continua sendo negociada e o que ela compra ainda é a parcela mais importante das nossas vidas.

Dessa forma, embora possa ser afirmado que houve formas de Progresso na Antiguidade e na Idade Média[9], o conceito de Progresso

[8] Vale lembrar que a visão otimista de Chardin a respeito da história como uma escalada cósmica marcada pelo Progresso do inferior ao exterior (sua obra principal *The phenomenon of Man* foi publicada em francês em 1939-40 e traduzido para inglês em 1959) teve grande influência sobre Julian Huxley (neto de T. H. Huxley, um apoiador de Darwin e irmão de Aldous Huxley) o primeiro diretor-Geral da Unesco (em 1946) e um eugenista declarado.

[9] Essa é a posição de Robert Nisbet, por exemplo, no seu *History of the Idea of Progress*, de 1980, embora não a de J. B. Bury em seu clássico *The Idea of Progress: An Inquiry into its Origins and Growth*, de 1920, que parte da ideia de que só a partir do século XVII é que se

tornou-se uma das marcas fundantes da Modernidade ou, mais ainda, um dos seus pressupostos teóricos mais centrais e mesmo, um verdadeiro "dogma" (como afirma NISBET, 1985[10]) ou ainda, como sugeriu Benoist (2008, p. 7), "a verdadeira 'religião da civilização ocidental'", ligada principalmente à crença Iluminista de que era preciso acelerar o progresso humano em todas as direções, depois do longo tempo de estagnação vivido na Idade Média.

Para Hans Jonas, a "interrelação entre ciência e técnica" é "a característica [central] do Progresso moderno" (TME, 36), o que significa que a Modernidade mantém uma "visão *teórica* subjacente" (TME, 35), qual seja, a de que é possível e mandatório colocar o conhecimento tecnocientífico e todas as forças que ele reúne, a serviço do Progresso, mantido como uma pretensão onipresente. Porque a Modernidade transformou a natureza em uma "infinitude virtual" aberta pra a exploração humana, a ciência age sobre ela não necessariamente com o objetivo de "reduzir a margem do que resta para ser descoberto", mas para ampliar, "dimensão após dimensão de novas profundidades", aquilo que é a realidade, de forma que o conhecimento foi transformado em uma "investigação sem fim" em busca da constante *novidade*.

desenvolve uma ideia de Progresso, propriamente dita. Para Bury, foi só na última etapa do Renascimento, ou seja, no primeiro quarto do século XVII que se preparou o terreno para que a ideia de Progresso pudesse germinar, sendo que "a história da sua origem começa definitivamente com a obra de dois homens que pertencem a esta época, Bodin, que é pouco conhecido, exceto por estudantes especiais de ciência política, e Bacon, que é conhecido por todo o mundo. Ambos tinham uma compreensão mais geral do significado de seu próprio tempo do que qualquer um de seus contemporâneos e, embora nenhum deles tenha descoberto uma teoria do Progresso, ambos fizeram contribuições ao pensamento que contribuíram diretamente para seu surgimento subsequente" (BURY, 2014, p. 57). Seu livro, por isso, começa com uma análise do pensamento de Jean Bodin (1530-1596), um teórico político francês que escreveu uma introdução aos estudos históricos quarenta anos depois da morte de Maquiavel: *Methodus ad facilem historiarum cognitionem* (*Método para a fácil compreensão da história*) foi publicado em 1566.

[10] Esse autor se torna, explicitamente, um defensor do benefício do dogma, sem o qual, segundo ele, o Ocidente não teria logrado a história que foi capaz de construir. Para ele, aliás, as críticas do Progresso não passariam de estratégia "daquelas nações que ameaçam violentamente a cultura ocidental e seus valores morais e espirituais – mais uma ocasião na qual os valores ocidentais foram exportados, corrompidos e depois jogados contra o Ocidente que as concebeu" (1985, p. 21). A ideia de um "ataque ao Progresso" e a referência a sua ascensão como um "triunfo" (expressões que constam nos títulos dos capítulos de sua obra) demonstram tal perspectiva otimista. Por isso, a afirmação acima, como se nota, é exemplar quanto à força dessa crença e à necessidade de sua crítica.

Para Jonas,

> A grande virada [da Modernidade] é marcada pelo uso sempre mais frequente do epíteto laudatório "novo" para uma variedade sempre maior de iniciativas humanas – na arte, na ação e no pensamento. Essa moda linguística seria grave ou fútil dependendo do caso, nos diz uma série de coisas. A elevação do termo a atributo laudatório denuncia certo cansaço, até mesmo certa impaciência com as formas de pensar e de viver até então dominantes. O respeito pela sabedoria do passado é substituído pela suspeita de um erro inveterado e pela desconfiança de uma autoridade inerte. Isso vem acompanhado de um novo estado de autoconfiança, de uma firme convicção de que nós modernos estamos mais bem equipados do que os antigos – e certamente melhor do que nossos antecessores imediatos – para descobrir a verdade e melhorar muitas coisas (EF, 46).

Essa autoimagem – própria da Modernidade – oferece, por si mesma, uma ideia exata do significado do Progresso, segundo o qual a ciência tornou-se "um adorno ideológico da moderna tecnologia" (TME, 31) e a técnica, uma expressão do "poder humano intensificado em *atividade permanente*" (TME, 31). Isso significa que o Progresso é a lógica interna da própria ciência e essa, por sua vez, o atributo principal dos tempos modernos: "esse *eros* teórico já não vive só do delicado apetite pela verdade", afirma Jonas, "mas que é estimulado por seu rebento mais robusto, a técnica" (TME, 38).

Tentando resumir o que seria essa *fé* no Progresso ou mesmo aquela tentativa dos iluministas e positivistas (especialmente) de encontrar uma *lei* do Progresso, Paolo Rossi elencou três convicções comuns entre os homens modernos: "1. na história está presente uma lei que tende, através de graus ou etapas, à perfeição e à felicidade do gênero humano; 2. tal processo de aperfeiçoamento é geralmente identificado com o desenvolvimento e com o crescimento do saber científico e da técnica; 3. ciência e técnica são a principal fonte do Progresso político e moral, constituindo a confirmação de tal Progresso" (2000, p. 95). Nessa perspectiva, o Progresso é compreendido como um "processo necessário" e qualquer obstáculo capaz de atrasá-lo ou detê-lo seria apenas provisório diante do poder da ciência e da técnica, que dão expressão máxima à criatividade do *homo faber*.

Uma síntese semelhante é fornecida por Benoist, para quem o Progresso pode ser compreendido a partir de três princípios comuns: "[1] a história tem um significado linear, sempre orientada para o futuro; [2] a humanidade como um todo evolui na mesma direção; e, [3], principalmente, "o mundo pode e deve ser transformado, o que implica que o homem se afirme a si próprio como mestre soberano da natureza" (2008, p. 7-8) – uma ideia que condiz fortemente com certa teologia que interpreta o homem como senhor do mundo. Para Benoist, "essas três ideias tiveram a sua origem no Cristianismo" (2008, p. 8), já que os gregos, no geral, alinhavam-se a uma noção de eterno retorno e de valorização do passado (como origem e autoridade). Com seu ponto de vista messiânico, o Cristianismo expressou a ideia de que o futuro será melhor e que isso, segundo propõe o livro do Gênesis, dependeria do trabalho humano em respeito aos mandamentos divinos. Nesse caso, "a era dourada já não está no passado, mas no fim dos tempos: a história terminará, e terminará bem, pelo menos para os salvos" (BENOIST, 2008, p. 8), cabendo à humanidade cumprir a tarefa de evoluir, de degrau em degrau, até a salvação final. Dessa perspectiva, portanto, nasceriam a maior parte dos historicismos modernos, com a diferença de que, neles, a bem-aventurança foi substituída por uma ideia secularizada de felicidade. Corroborando as afirmações de Jonas, Rossi lembra que a essa tendência junta-se, a partir do século XVII, os esforços da ciência e da tecnologia, que vieram para cimentar em definitivo o otimismo que abria caminho para a ideia de um Progresso infinito da humanidade (agora também pautado pela "descoberta" do "Novo" Mundo). A esse respeito, ainda concordando (indiretamente) com Jonas, Paolo Rossi afirma que "a imagem 'moderna' da ciência (...) desempenha um papel decisivo e determinante na formação da ideia de Progresso" e que "a ideia de Progresso não é marginal, mas constitutiva da imagem moderna da ciência", acrescentando que "dos primeiros anos do século XVII até a segunda metade do século XIX, a ideia de um crescimento, de um avanço do saber acompanha todos os vários e diferentes programas científicos, constituindo, por assim dizer, seu fundo comum" (2000, p. 49). Resgatando um texto de Pascal datado de 1647, Rossi torna essa posição evidente e demonstra como ela era uma ideia importante no século XVII:

> Não só todo homem progride dia após dia nas ciências, mas todos os homens juntos executam nelas um contínuo Progresso à medida que o universo envelhece, porque na sucessão dos homens acontece a mesma coisa que nas diversas idades de um indivíduo. De modo que toda a série dos homens, no curso de tantos séculos, deve ser considerada como um homem que sempre existiu e aprendeu continuamente. (PASCAL[11] *apud* ROSSI, 2000, p. 73).

Com Bacon, mas também com Descartes e mesmo Galileu, essa ideia se associava em definitivo ao esforço de domínio da natureza: à visão galileica de uma natureza matematicizada e inanimada, somava-se a visão cartesiana de um sujeito racional que se separava da natureza para dominá-la e o programa baconiano de um controle geral do mundo natural por meio do saber. Assim, "o mundo torna-se um objeto puro para o sujeito humano" e "graças à sua razão, o homem sente que pode confiar apenas em si próprio" (BENOIST, 2008, p. 9), tendo a ciência e a técnica a seu serviço. Mudo, geométrico, homogêneo e infinito, o mundo é compreendido a partir de leis de causa e efeito, cujo modelo simbólico é a máquina (mais especificamente, o relógio, que passa a ter papel central na nova visão de tempo moderno – um tempo mercantil que se opõe ao tempo camponês) e cujo instrumento de conhecimento é a matemática.

É essa visão simbólica sobre o mundo, afinal, que irá concretizar a imagética do Progresso, alcançado pela lógica da causalidade e pela ascensão da burguesia, que almejava acesso às possíveis benesses que ele prometia. O Progresso teria se tornado, assim, uma "doutrina burguesa", para usar a expressão de Georges Sorel (1969, p. xiii). Essa associação entre burguesia e Progresso alcançou guarida nas teses de economistas como Smith, Mandeville e mesmo Hume, para quem era preciso que o homem encontrasse constantemente meios para ampliar a satisfação de suas também sempre crescentes necessidades – conhecer sempre mais, para ter sempre mais, para que tudo fique cada vez melhor. Assim, o Progresso deixa de ser um efeito da evolução para se tornar a sua causa, portanto.

---

[11] A referência de Rossi é: *Opuscoli e scritti vari. G. Preti (Org.). Bari: 1959* p. 7-9. Ele ainda lembra que esse texto é parte do prefácio para o *Tratado do vácuo*, que permaneceu inédito até 1779.

Voltemos à questão do Cristianismo. Embora compreenda o curso da história como pré-determinado, o Cristianismo situa nele a obrigação humana de intervir em vista da aceleração do Progresso, nos moldes, por exemplo, do *ethos* protestante descrito por Max Weber[12], cuja ascese racionalizante e disciplinar foi decisiva para a associação da ideia de Progresso à de trabalho e, principalmente, de prosperidade e, mais ainda, à própria consolidação do Progresso como uma das bases morais do Ocidente. Isso significa que o Progresso passou a fazer parte das narrativas da salvação da alma e da vida após a morte, na forma de uma verdadeira energia motivacional cujo impulso vinha do trabalho árduo e da necessidade de expiação à qual ele respondia. Associado à ideia de poupança (e, portanto, de dinheiro), o Progresso passou a representar uma obrigação moral e uma *crença* de tipo religiosa que traduzia, como sugeriu Hartmut Rosa (2019, p. 361) a propósito da aceleração, uma resposta ao medo do futuro por meio de uma "*promessa de segurança*". Em outras palavras, era preciso trabalhar para guardar dinheiro para garantir que as adversidades do futuro não alcançassem o indivíduo desprevenido. Só o Progresso, portanto, poderia salvar o homem das possíveis desventuras existenciais, enquanto ele espera a entrada na eternidade. É o Progresso que tornou possível o adestramento dos comportamentos que abriram a passagem para uma vida boa – associada a uma vida orientada pelo Progresso, afinal uma boa vida é uma vida *repleta*, ou mesmo *completa*. Encher a vida de coisas e de experiências, ampliar o poder de domínio sobre tudo ao redor, usar e ampliar os meios capazes de garantir as inúmeras experiências desejadas... essa passou a ser a lógica da sociedade moderna, orientada sempre adiante, segundo uma lógica escalar na qual o que *está por vir* é sempre melhor do que o que *está aí* – o futuro é um depósito de oportunidades ainda não desenvolvidas. Ora, o resultado desse processo é apenas frustração, dado que "o sujeito (tardo-) moderno nunca chega a ponto de morrer 'velho e satisfeito da vida', de ter reconciliado o tempo da vida com o tempo do mundo, como a camponês pré-moderno de Weber, inserido não no tempo linear progressivo de futuro aberto, mas sim no tempo cíclico de ritmos

[12] Em uma passagem de *A ética protestante e o espírito do capitalismo* Weber faz uma associação direta entre o "'espírito de trabalho', de 'Progresso' ou como se queira chamá-lo, cujo despertar somos tentados a atribuir ao protestantismo" (2004, p. 24).

reiterantes de dia e noite, verão e inverno, juventude e velhice" (ROSA, 2019, p. 371-372). A análise de Max Weber continua atual – como mostram os estudos, por exemplo, de Byun Chul-Han sobre a sociedade do cansaço: em sua contabilidade de experiências e afã pela alta performance e desempenho, os indivíduos modernos sentem-se geralmente *cansados* embora nunca *satisfeitos*, porque suas vidas estão apenas cheias de efemeridades e episódios desconexos.

Um jogo de soma zero

Embora esse não seja exatamente um conceito estudado por Hartmut Rosa em sua *Aceleração: a transformação das estruturas temporais da Modernidade* (lançado em 2005 em alemão), sua reflexão dá azo a vários insights para a compreensão do Progresso em sua articulação com as ideias de aceleração, velocidade, inovação e crescimento (consideradas por ele como os núcleos da Modernidade), principalmente porque a própria definição da Era Moderna inclui a busca por uma estabilidade *dentro* e *a partir* do movimento: "uma sociedade é moderna quando apenas consegue se estabilizar dinamicamente; quando é sistematicamente disposta ao crescimento, ao adensamento de inovações e à aceleração, como meio de manter e reproduzir sua estrutura" (ROSA, 2019, p. xi). Em outras palavras, a própria ideia de *processo*, elemento marcante do Progresso, é o fio condutor de um tipo de estabilidade que se alcança apenas quando uma sociedade se movimenta adiante. O Progresso, assim, é uma *compulsão* própria da Modernidade, ela mesma marcada por aquilo que Dipesh Chakrabarty (2013) chamou de "pulsão de acumulação", sem o que ela sequer se sustentaria e cujas consequências danosas incluem a crise ecológica e o esgotamento das energias humanas por meio da agitação e do nervosismo que marcam o estilo de vida orientado pela produção e pelo consumo. Para Rosa, essa "dinâmica escalar" orienta as nossas vidas de tal forma que "não importa com quanto êxito, individual e coletivamente, vivemos, trabalhamos e nos orientamos economicamente neste ano; no próximo ano, para mantermos nosso lugar no mundo, devemos ser melhores, mais velozes, eficientes, inovadores – e no ano seguinte, coloca-se o nível um pouco mais acima" (2019, p. xv). Ocorre que a nossa sociedade não é apenas uma sociedade moderna, mas também e sobretudo, uma sociedade capitalista e o crescimento material exponencial e espiral é um dos elementos mais intrínsecos do capitalismo[13]. Sua lógica de exploração, produção, consumo e descarte é avassaladora quando se trata dos limites naturais e sua associação com o avanço tecnológico vem produzindo a calamidade na qual estamos todos implicados no atual momento da história.

Um dos pontos cruciais apontados por Rosa é a ideia de *inovação*. Para ele, "crescimento, aceleração e adensamento de inovações, [são] traços constitutivos do 'imperativo dinâmico' *estrutural* da sociedade moderna" e eles "se traduzem para o âmbito da condução subjetiva da vida por via da competição por atribuições" e de uma "lógica concorrencial" que exige de cada indivíduo a substituição das chamadas "posições biográficas" (o que eu sou) por "performances dinâmicas" (o que eu posso me tornar). Para isso, é preciso tornar o mundo infinitamente disponível e ao alcance das mãos por meio do trabalho constante, em busca do aumento, do incremento e do acréscimo de poderes, o que leva à "insuficiência relacional" que Rosa identifica nos processos de alienação, indiferença e repulsa que marcam a vida moderna na forma das inúmeras doenças civilizacionais que nos acometem.

Tal coisa se manifesta, para o autor, na crise das "ressonâncias" que alcançamos, por exemplo, no âmbito da arte, da natureza e da religião, as quais possibilitam (ou deveriam possibilitar) experiências de estabilidade temporal que devolvem os indivíduos para o eixo que lhe é próprio. Nesses três âmbitos da experiência profunda (estética, ecológica e religiosa), seria possível liberar-se da pressão das agendas e dos prazos, da "compulsão à otimização" e do "controle de qualidade" que aprisionam a vida em uma lógica de "fechamento disposicional" (ROSA, 2019, p. xlv): não temos mais disposição para nada que não tenha o Progresso material como fim, levando ao fracasso das promessas que estavam listadas entre os principais benefícios da prosperidade econômica, ou seja,

---

[13] A esse respeito DÚRAN (2022) demonstrou claramente como a expansão do capitalismo "se choca com a biosfera", tornando-se o principal agente geomorfológico, tanto pelos altos índices de contaminação, despejo de rejeitos, resíduos de todo tipo (especialmente os gases de efeito estufa) produzidos pelos processos de produção e todos os demais índices da crise ecológica e climática que levam a uma superação da biocapacidade do planeta e ao que o autor chama de "dívida ecológica" (2022, p. 99).

uma *vida tranquila*. O problema é que a prosperidade se tornou um "jogo de soma zero", na medida em que ela não trouxe senão nervosismo, medo e estresse, na medida em que o produto do Progresso nunca é menos, mas sempre mais e que a lógica agora é a "produção pela produção", ou a "tecnologia pela tecnologia".

Rosa resgata, a esse respeito, uma história anedótica que vale a pena ser reproduzida aqui, por sua força elucidativa:

> Em uma longínqua zona rural do sul da Europa, um pescador está sentado à beira da praia pescando com uma velha vara de pesca tradicional. Um rico empresário, passeando sozinho de férias no litoral, observa o pescador por algum tempo, balança a cabeça e vai falar com ele. Pergunta por que ele pesca ali, sendo que mais adiante, nos recifes, ele poderia com certeza duplicar seu produto. O pescador o olha espantado. "Pra quê?", pergunta sem entender. Ora, os peixes a mais ele poderia vender no mercado da próxima cidade e com o lucro comprar uma vara de pesca de fibra de vidro e isca especial de alta eficiência. Assim, a porção diária de pescado poderia facilmente ser duplicada. "E depois?", pergunta o pescador, ainda sem entender. Depois, retruca o empresário já quase impaciente, ele logo poderia comprar um barco, velejar até águas profundas e pegar dez vezes mais peixes, de forma que ficaria, em pouco tempo, rico o suficiente para poder adquirir um barco arrastão de última geração! O empresário está radiante, empolgado com sua visão. "Sim", diz o pescador, "e o que eu faço depois?". Então, devaneia o empresário, ele logo dominaria a pesca em toda a costa, podendo assim deixar que uma frota pesqueira inteira trabalhasse por ele. "Aham", replica o pescador, "e o que eu farei, se eles trabalharem por mim?". Bom, então ele poderia ficar o dia todo sentado na beira da praia aproveitando o sol e pescando. "Sim", disse o pescador, "isso é o que eu já estou fazendo". (ROSA, 2019, p. lv)

Rosa chama atenção para o fato de que, no final das contas, todo o trabalho não leva a nada, embora ele reconheça que há uma diferença entre os dois personagens, já que o pescador "*tem que* pescar" enquanto o empresário "*pode* pescar, mas pode também fazer milhares de outras coisas". Ora, é precisamente essa distinção que acaba amparando (e talvez, de alguma forma, explicando) o ideal do Progresso e sua força mobilizadora: ele amplia as possibilidades do que poderia ser vivido. O empresário, no caso, não fica parado como o pescador, porque ele se deu conta da necessidade de acompanhar as mudanças que ocorrem no mundo à sua volta. Sua tarefa não é, como sugere Rosa, hedonística, mas empreendedorística – para ele, a praia não pode ser mais do que um "oásis de desaceleração" em algum recorte de tempo de uma vida inteira dedicada a criar as condições para que as inúmeras experiências sejam possíveis. No fundo, o empresário tem pavor da vida pacata e tranquila do pescador e, talvez também por isso, ele se empenhe em convencê-lo a livrar-se dela. Rosa tenta chamar atenção para o fato, afinal, de que a pergunta fundamental da existência, *como queremos viver?* só pode ser respondida na concretude da questão *como queremos despender nosso tempo?*

Tempo e inovação

Nisbet lembra que "o prestígio, às vezes inconsequente, da novidade em qualquer esfera tem por trás, consciente ou inconscientemente, uma filosofia do Progresso que, por sua própria natureza, considera o novo ou mais recente como o mais elevado na progressão ascendente através do tempo" (1985, p. 314). Com isso, ele acentua um dos pontos centrais da análise do Progresso nos termos de Hans Jonas, como veremos melhor adiante. O que está em jogo é um conceito da moda: a inovação. Por meio dela, o Progresso se instala no âmbito tecnológico, servindo para legitimar práticas de todo tipo em todos os âmbitos da chamada civilização.

Com a ideia de inovação, a questão do tempo aparece como essencial para pensar o Progresso[14], dado que a Modernidade tem como uma das suas marcas precisamente "*uma consciência temporal linear com futuro aberto*" (ROSA, 2019, p. 12). Essa consciência do tempo fundamenta e autoriza a própria ideia de Progresso pois pensar no horizonte futuro como um campo aberto de possibilidades é o que legitima todas as ações cotidianas e os hábitos sociais da Era Moderna. Além disso, é essa ideia que legitima um modo de vivência do tempo por meio da

[14] "O tempo é a própria condição de possibilidade do Progresso", escreveu Bury (2014, p. 36), na medida em que é a indeterminação temporal que dá ao Progresso um horizonte quase indefinido de futuro e é disso que ele mesmo retira sua legitimidade.

"soberania do *mais rápido*" (ROSA, 2019, p. 25): sendo o futuro um horizonte aberto, é ele que deve ser preenchido com o máximo possível de experiências e da forma mais rápida possível.

A Modernidade (que em alemão se diz *Neuzeit*, em referência a *neue Zeit*, o novo tempo, fez da inovação um outro nome para a "síndrome da pressa" (ROSA, 2019, p. 87) que, por sua vez, ampara-se em uma supervalorização de tudo o que é novo: "o conceito de Progresso implica uma idolatria do *novum*: cada inovação é *a priori* melhor simplesmente porque é nova" de tal forma que a "sede de novidade (...) tornou-se uma das obsessões da Modernidade" (BENOIST, 2008, p. 10), associando-se à ideia de "vanguarda", "originalidade" e esforço pela "perfeição". O resultado, poderíamos dizer, é uma cultura da *atemporalidade*, na qual a visão do tempo é de um "*continuum* vazio que evolui até o infinito, no qual tudo está inexoravelmente incluído", como bem notou o teólogo Johann Baptist Metz (1979, p. 179). O tempo do Progresso é um tempo pretensamente *inesgotável* que postula sempre um tipo de melhora que se alonga infinitamente e se apresenta como progressismo, sem nenhuma visão crítica do presente e sem capacidade de olhar o futuro de forma adequada. Com isso, tende a apagar, esquecer e dar de ombros diante das sequelas do progresso que, como o *Anjo da História*, de Klee comentado por Walter Benjamin, horroriza-se diante do passado – e teme o futuro.

Em nome da inovação tornou-se necessário superar a tradição, agora associada a um empecilho para o Progresso. Como parte de sua arte de autoaperfeiçoamento, a humanidade passou a usar todas as conquistas tecnológicas para ampliar a sua diferença em relação à natureza, abandonando antigas práticas que marcavam a relação entre seres humanos e natureza em geral, agora consideradas como supersticiosas e preconceituosas, representantes do atraso ao qual foi submetida a ideia de passado. A esse respeito, vale lembrar um documento oficial da ONU, de 1951: "O progresso econômico acelerado é impossível sem ajustes dolorosos. As *filosofias ancestrais devem ser erradicadas*; as velhas instituições sociais têm que desintegrar-se; os laços de casta, credo e raça devem romper-se; e grandes massas de pessoas incapazes de seguir o ritmo do progresso deverão ver frustradas suas expectativas de uma vida cômoda. Muito poucas comunidades estão dispostas a pagar o preço do progresso econômico" (UN, 2023). Os autores de *A métrica do carbono* trataram isso como um epistemicídio ecológico, na medida em que foram negados os conhecimentos de povos inteiros, considerados anômalos ao modelo de pensamento único:

> Os economistas definiram os mundos sociais não-europeus como sendo diferentes do modelo europeu em termos negativos, no sentido de ainda não terem alcançado a forma econômica ocidental. A estatística tornou visível o não-ocidental como uma entidade deficiente e não como uma multiplicidade criativa. Assim, embora oferecesse ferramentas poderosas para a descolonização, a economia do desenvolvimento também prolongou estruturas coloniais de dominação no mundo pós-colonial. Uma visão aguçada dos novos estados "subdesenvolvidos" emergiu, mas a presunção da supremacia do Ocidente permaneceu incontestada (MORENO; SPEICH; FUHR, 2016, p. 55-56).

Voltaremos a esse assunto mais adiante. Por ora precisamos reconhecer que, com esse processo, também se perdeu, como propõe Nisbet (1985, p. 327), uma das bases sobre as quais o próprio Progresso sempre cresceu: "o passado relembrado tem sido fundamental para todos os períodos nos quais prosperou a fé no Progresso"[15]. Na me-

[15] Se considerarmos que o niilismo é uma crítica à autoridade do passado e da tradição, a um esvaziamento de seu poder interventor, então poderíamos considerar também que o niilismo é um dos principais fundamentos da crise da própria ideia de Progresso, como lemos, por exemplo, em Nietzsche, para quem a ideia de Progresso não é outra coisa senão uma mentira inventada para sustentar a cultura ocidental. Nisbet (1985, p. 329) lembra que os grandes utopistas do século XIX (Saint Simon, Marx, Comte) mantiveram um forte respeito pelo passado. A crise do passado, afinal, é também uma crise da história e, na mesma medida, uma crise de futuro. Hoxie Neale Fairchild (em *Religious Trends in English Poetry*, de 1949) descrevera com as seguintes palavras o sentimento de crise que teria levado, segundo Nisbet, à crise do Progresso: "A disposição moderna. Homens vazios, comendo seus lanches, nus em terras desertas enquanto esperam Godot. A civilização remendada. O mundo doente. *Untergang des Abendlandes*. Nenhuma vida além do túmulo. A perda dos símbolos tradicionais da cultura ocidental. Nenhum mito integrador. Nenhum culto. Nenhuma realidade independente do observador desinteressado. Nenhuma verdade ou verdades objetivas que possam ser partilhadas. Nenhuma escala de valores. Nenhuma norma da natureza humana. Nenhuma fronteira entre o racional e o irracional, o normal ou o anormal. O descrédito da semântica; um abismo entre as palavras e seu significado. Solipsismo. Nada que discipline nossas emoções. Falta de raízes firmes no ritual doméstico ou civil. Uma vida sem modelos, sem finalidade, sem sentido. Tudo é 'falso'". (*apud* NISBET, 1985, p. 332)

dida em que a educação é o processo primordial pelo qual o passado é acessado pelas novas gerações, então a crise do Progresso exigiu também uma reavaliação dos processos educativos.

Além disso, dado que a humanidade deveria se libertar de tudo o que impedisse a marcha do Progresso, então ela não poderia mais suportar ou justificar alguma coisa que não fosse combustível para esse avanço sempre adiante. Assim, "quem quer que se oponha ao Progresso da humanidade pode justificadamente ser colocado fora da humanidade e ser declarado um 'inimigo da humanidade'" (BENOIST, 2008, p. 11). Não tardou para que boa parte da humanidade fosse declarada dispensável, na medida em que se tornava estorvo para o Progresso – que nunca alcançava a todos.

A ideia de inovação, assim, voltou-se, historicamente, contra a natureza e contra o passado (uma coisa sempre associada à outra) como forma de superar o determinismo imposto ao ser humano pelas forças naturais. Como parte dessa estratégia, uma atitude epistemológica negou os saberes tradicionais, em nome de uma única racionalidade – branca, eurocêntrica, patriarcal. A tecnologia, obviamente, passou a representar uma das forças indispensáveis para essa tarefa, porque ela tornava possível obter sempre mais controle sobre a natureza[16]. A soma desses esforços deu às ações humanas um indefectível otimismo, amparado nos êxitos e promessas da razão tecnológica – otimismo esse que se disfarçou em suposições tão encantadoras quanto absurdas e que incluem programas de uma "paz perpétua" para o mundo, difusão da educação por meio do letramento e da alfabetização, mas também medidas baseadas no higienismo, na eugenia e no racismo. Os Iluministas acreditavam, afinal, que a felicidade seria alcançada via aprimoramento da própria razão e que, em última instância, a razão levaria ao Progresso moral da sociedade como um todo. Para isso, mesmo a política e o Estado deveriam render-se às práticas racionais, deixando de ser mera arte para tornar-se, precisamente, uma ciência.

[16] Note-se como, por manterem-se no horizonte, as ideias dos transumanistas e do *Human Enhancement* continuam intimamente ligadas ao mesmo núcleo estratégico próprio da Modernidade.

Racismo e etnocentrismo

O século XIX, assim, associou *Progresso* e *civilização* como sinônimos e, com isso, não apenas legitimou a exploração da natureza por meios tecnológicos, como fez difundir um determinado modelo de "civilização" por meio da colonização de outros povos, considerados, no geral, selvagens, atrasados e, portanto, incivilizados. Disso denota-se facilmente como a crítica do Progresso exige, também, uma crítica decolonial – algo que aqui só apontamos, sem desenvolver:

> Combinada com o positivismo científico, que impregnou completamente a antropologia e alimentou a ilusão de que se pode medir com precisão o valor das culturas, esta teoria deu origem ao racismo, que percebeu as civilizações tradicionais como permanentemente inferiores ou temporariamente inferiores ao Ocidente (a "missão civilizadora" das potências coloniais consistia em fazê-las apanhar), e postulou um critério universal, um paradigma abrangente, que tornou possível classificar as culturas e os povos numa hierarquia. O racismo estava assim diretamente ligado ao universalismo do Progresso, que já ocultava um etnocentrismo não científico ou mascarado. (BENOIST, 2008, p. 14)

Essa é, também, um diagnóstico do próprio Nisbet (1985, p. 314), que reconhece uma ligação direta entre o Progresso e o racismo – até mesmo a eugenia e o próprio nazismo:

> A filosofia racista do Progresso também não desapareceu e não parece estar em vias de desaparecer. A fé na superioridade do anglo-saxão, do nórdico e na eugenia, assim como o esforço para proteger a pureza racial permaneceram vivos e fortes durante as primeiras décadas deste século [século XX], conforme testemunha a imensa popularidade do *Passing of the Great Race*[17] de Madison Grant

[17] *The Passing of the Great Race: Or, The Racial Basis of European History* foi publicado em 1916. Seu autor era um advogado eugenista americano que se autointitulava antropólogo e que defendia a superioridade nórdica. O livro foi elogiado por Hitler e obteve grande aceitação entre os nazistas.

> e *Rising Tide of Color*[18] de Lothrop Stoddard. Estes livros são ao mesmo tempo uma advertência e uma confirmação da base racial do Progresso. Do sucesso (e horror) do racismo-como-Progresso na Alemanha nazista não é necessário se escrever.

Além disso, vale lembrar que, com o evolucionismo, reinterpretado por Spencer, cresce a ideia do Progresso como produto da "luta pela vida" e da vitória do mais apto, generalizando não apenas a ideia de competição, mas sobretudo legitimando o imperialismo e o colonialismo por meio da crença de que o "mais evoluído" chega para salvar o "mais atrasado" ou "mais primitivo" de si mesmo. Essa crença, como se sabe, amparava-se na ideia das fases históricas da humanidade, cujos esquemas foram formulados por diferentes autores que, no geral, supunham o Progresso como saída do estágio da "'fé supersticiosa' à 'ciência', da era 'teológica' à era 'científica', da mentalidade 'primitiva' ou 'mágica' à mentalidade 'civilizada' e ao reinado universal da razão" (BENOIST, 2008, p. 13) ou, mais recentemente, de uma visão de mundo próprios da Filosofia ou das Humanidades em geral, para uma visão tecnicista advindo das ciências exatas e naturais (que não se dão conta de suas próprias estratégias equivocadas que advogam a última palavra sobre o conhecimento).

[18] *Rising Tide of Color: Against White World-Supremacy* foi lançado em 1920 e nele seu autor (abertamente eugenista) defende a ideia de que é preciso combater a imigração não-branca (especialmente asiática e africana) porque a miscigenação é um perigo, acentuado pelo crescimento populacional e pelo Progresso de alguns países como China e Japão, o que se torna uma ameaça à supremacia branca.

2

A crítica do progresso como tarefa filosófica

"Nenhuma ideia, por si só, foi mais importante, ou talvez tão importante quanto a ideia de Progresso na civilização ocidental, durante quase três mil anos", afirmou Nisbet (1980, p. 16). É verdade. Poucos conceitos se tornaram tão correntes e obtiveram tanta força retórica como a ideia de Progresso. E não teria sido assim se a moeda em questão não tivesse sido inflacionada e artificialmente supervalorizada. Tal situação acabou por transformar o conceito não apenas em uma pedra de toque da nossa moderna sociedade ocidental, mas também levou à crença em sua infalibilidade e, nesse caso, também à sua inquestionabilidade. Assim, o Progresso, aos poucos, foi tratado como uma ideia inquestionável, um dogma e mesmo uma presunção: "esta ideia também contém a presunção de continuidade, de graduação, de naturalidade, e até mesmo de inexorabilidade desses estágios de desenvolvimento", escreveu Nisbet (1985, p. 16), acrescentando que "a ideia não deve ser concebida como sendo relacionada com um mero acidente ou um capricho: ela deve ser concebida como constituindo uma parte do verdadeiro esquema das coisas no universo e na sociedade", como uma tendência de "avanço do inferior para o superior [que] deve parecer tão real e certo como qualquer outro aspecto das leis da natureza". A crença geral, portanto, é de que o Progresso é uma característica intrínseca da própria realidade e do conhecimento como tal e que costura o tempo (passado, presente o futuro) em um avanço ininterrupto de progressão, melhoria e perfectibilidade. Para isso, no geral o Progresso material segue pretensamente articulado com a crença no Progresso espiritual do homem, no que diz respeito ao fato de que o alcance da felicidade exige a prosperidade material.

A inexorabilidade da ideia se efetivaria, além disso, pela pretensa evidência de sua constância ao longo do tempo. A esse propósito, Nisbet cita S. Brenner, em sua *Short history of Economic Progress*, de 1969: "Parece que o crescimento econômico pode perfeitamente ser um processo orgânico semelhante a outros que ocorrem em variadas formas de desenvolvimento biológico", porque, afinal "uma vez desencadeado, crescerá e espalhará sua semente em círculos concêntricos em todas as partes do mundo onde as condições forem adequadas" (BRENNER *apud* NISBET, 1985, p. 313). Essa é a mesma posição de outro autor citado por Nisbet, Herman Kahn, em suas previsões sobre *The Next 200 Years, a scenario for America and the world* (1976) para quem nenhuma catástrofe haverá de impedir o avanço do Progresso de forma que "os partidários do crescimento econômico ultrapassarão os do não-crescimento, a vontade de trabalhar resistirá às tentações do lazer e, apesar de ocasionais períodos de calmaria e até de retrocesso, as perspectivas para o Progresso contínuo durante as próximas duas décadas devem permanecer ao menos excelentes". Na verdade, as décadas de 1980 e 1990 foram de grandes crises, que mais contribuíram para o questionamento dessas pretensas evidências do que para o seu fortalecimento, embora seja preciso reconhecer que a tecnociência tem implantado inúmeras medidas capazes de manter esse otimismo utópico.

Essa é a força de uma crença que, de tão arraigada e aparentemente tão eficaz, tornou-se um tipo de fanatismo que chega a dispensar qualquer aproximação crítica. Afinal, como poderíamos questionar as suas promessas, viver sem as suas expectativas ou desconfiar das esperanças de um mundo *melhor*, cujo benefício fundamental é o bem-estar da humanidade e cujo esforço exige a produção e o consumo abundante de bens e serviços? Qualquer questionamento crítico desse ideal, por isso, não passaria de uma objeção contra a obviedade de um esforço largamente aceito e praticado cotidianamente por cada indivíduo na forma de uma obrigação moral. E isso, embora a maior parte desses mesmos indivíduos sofram na pele as evidências de que tais promessas – depois de quatro séculos – não alcançaram o êxito desejado, mas ao contrário, manifestam a obsolescência de suas premissas.

As evidências da ineficácia e da falsidade dessas promessas acumulam-se a olhos vistos, mas dissolvem-se no imaginário social. Mesmo as tragédias cotidianas (sociais e climáticas, por exemplo) causam apenas alguma comoção momentânea, logo dissipada "pelo coro de augúrios econômicos que reiteram alegremente sua confiança no futuro do crescimento e nos benefícios prometidos" (RITZ, 2022, p. 293). É como se ninguém quisesse dar atenção às perguntas que precisam ser respondidas: Não seria, afinal, a crença no Progresso, a causa mesmo do "atraso", entendido como a manutenção das desigualdades sociais, da degradação ambiental e das infelicidades e misérias que alcançam a grande maioria da humanidade e dos demais seres vivos no mundo contemporâneo? Uma tal crença não serviria apenas para legitimar tal situação, enquanto caminhamos para a crise final da política, descrita como a descrença em um mundo comum, em nome da criação de uma ilha de bem-aventurados, criada e mantida pelas "elites obscurantistas" que já não querem recuar de seu estilo de vida embora saibam que ele não pode ser alargado para os mais de oito bilhões de pessoas do planeta porque esse mesmo planeta não suporta tamanha pilhagem? Teria sentido manter um tal modelo, sabendo que ele causa danos tão grandiosos e profundos e que deixa à mercê da calamidade a maior parte dos seres vivos?

A mera formulação dessas e tantas outras questões já mostra que é preciso "descolonizar nosso imaginário", como sugeriu Serge Latouche (2004, p. 6), controlado pelas promessas do Progresso econômico. Mas isso não significa simplesmente substituir uma coisa por outra e deixar-se levar pelo charme de uma resposta fácil que simplesmente inverte os fatores, como se o contrário do Progresso fosse mais desejável pelo simples fato de que ele, o Progresso, não funcionou: "o decrescimento não é o contrário do crescimento, nem o sinônimo de recessão, é antes de mais um convite a encarar a realidade sem vacilar ou tranquilizar-se por meio de oxímoros vazios que impedem todo o debate, como fazem expressões de crescimento sustentável, verde, sustentável, inteligente, inclusivo etc." (JARRIGE, 2020, p. 5)[19]. Trata-se, assim, de um dilema que não pode ser solucionado sob a lógica das meras oposições, que cedem facilmente a uma resposta simples (e, por isso mesmo, pobre e geralmente incompleta e errada). É a complexidade da resposta que torna o problema, portanto, filosoficamente interessante.

Contra o fanatismo

Esses questionamentos trazem o conceito de Progresso para o centro do debate filosófico e, por meio dele, a própria Filosofia retoma a sua função primordial de análise e crítica daqueles *mitos* e *ilusões* que, como moedas gastas, continuam sendo usadas, embora não se saiba mais quanto exatamente valem. Como já dissemos, o conceito de Progresso é uma dessas moedas, cuja impressão de sentido se desgastou com o tempo, mas que continua sendo usada para o negócio da vida, para a orientação das políticas públicas, para os debates das instâncias internacionais, para o andamento dos negócios e mesmo para o estabelecimento das pedagogias educacionais. De cima a baixo, somos costurados por esse *fil rouge* que serpenteia o cotidiano de nossas ações na forma de um *dogma* e um *imperativo* – quando não de um *fetiche*: é preciso manter o esforço em direção do Progresso porque o Progresso é bom e se é bom é inquestionável e se é assim, todos que o questionam estão contra o bem e devem ser rechaçados. É assim que funciona o *fanatismo*, que começa com uma *doutrinação* e acaba em uma *panaceia*: acredita-se que o Progresso é o remédio para todos os males sociais e qualquer atitude crítica em relação a ele se torna risível, reprovável, condenável. Ora, é precisamente por isso que a Filosofia deve se interessar por um tal conceito: ele oferece a oportunidade de um exercício propriamente filosófico,

[19] Jarrige faz uma crítica, obviamente, a esses conceitos que tentam burlar o verdadeiro problema. No seu livro, dirige uma crítica direta a Bruno Latour, que teria se expressado, em uma entrevista ao jornal *Le Monde* (*L'écologie, c'est la nouvelle lutte des classes*, 11 de dezembro de 2021) nas seguintes palavras: o decrescimento "é um caso típico em que uma ideia correta é anulada pela falta de cuidado na escolha das palavras e dos afetos a elas associados. 'Crescer', é uma palavra magnífica, é o próprio termo de tudo o que é engendrado, é o próprio sentido da vida! Nada me fará associar 'decrescimento' a qualquer Progresso na qualidade de vida. Eu entendo o que todas essas pessoas formidáveis querem dizer quando usam o termo, mas eu acredito que almejar a 'prosperidade' é ainda melhor". Uma tal afirmação demonstra a complexidade do termo, sua dificuldade em ter seu estatuto teórico devidamente reconhecido como "ferramenta analítica útil" (JARRIGE, 2020, p. 6).

uma chance concreta para que o pensamento se realize em plenitude. A crítica da noção de Progresso oferece uma chance, portanto, para que a própria Filosofia saia à luz e, em seu expediente, realize a si mesma – afinal, não há Filosofia a não ser lá onde se *filosofa*.

Como já apontamos, apresentado como crença mas também como teoria cientificamente amparada, o Progresso alia-se a ideias como desenvolvimento e crescimento econômico[20] e mesmo onde se quis problematizá-lo, o máximo alcançado foi uma mudança na qualidade de seu movimento: falou-se em Progresso humano, Progresso social, Progresso sustentável... Sempre, portanto, em alternativas *de* Progresso, em modos diferentes de manter o procedimento em sua lógica própria, descrita como um processo constante de mudanças no qual o subsequente é sempre melhor do que o precedente. Muito recentemente alguns autores começaram a problematizar essa lógica, seja pela sua ineficácia histórica (visibilizada na manutenção dos problemas que faziam parte de sua agenda) seja pelo horizonte da emergência climática, que questiona seus métodos. Fala-se, então, em alternativas *ao* Progresso, como forma de objeção ao *modus operandi* que levou ao confronto entre natureza e civilização[21] e como forma de difusão de novos modos de vida, baseados em palavras que soam mal aos ouvidos da maioria: precaução, parcimônia, frugalidade, modéstia e responsabilidade, por exemplo. Esses autores denunciam a impossibilidade de estender o Progresso de forma ilimitada e defendem, audaciosamente, uma moratória ou mesmo um recuo, na forma de um *decrescimento*, por exemplo, como parte de teorias pós-progressistas (e nesse caso, também, pós-modernas). Trata-se, no fim, não de abandonar algo cujo sucesso é inquestionável, mas de questionar o sucesso de algo cujas esperanças, depois de séculos, continuam infundadas e cujos danos são evidentes. Afinal, o grande esforço crítico passa pela tarefa de demonstrar que mesmo causas mais nobres não raro escondem consequências absolutamente danosas.

---

[20] "O relacionamento entre a crença no Progresso geral da humanidade e a crença na necessidade de crescimento e econômico e desenvolvimento sempre foi íntimo" (NISBET, 1985, p. 339).

[21] Essa é uma espécie de "falácia fundadora", na medida em que tenta tornar evidente que se trata de dois fenômenos distintos e que, afinal, seriam reconciliáveis. Nem uma coisa, nem outra, como pretendemos demonstrar neste trabalho. A ideia de Progresso, na medida em que incluiu e continua a incluir o esforço humano de se livrar das pretensas amarras naturais, será sempre um esforço [irreconciliável] contra a natureza.

Alguns se perguntam se, na falta dessa crença, ficaríamos desamparados? Ora, essa é uma pergunta elitista, que desconhece que essa mesma crença já deixa para trás milhões de pessoas que não têm o que comer todos os dias e esperam, à beira das geografias, por uma migalha do Progresso que, quando chega, sempre tardiamente, carrega consigo um alívio momentâneo cuja função é apenas prolongar a dor. Não raro, o Progresso tem mais força e apoio precisamente entre as comunidades que permanecem mais à margem de suas pretensas benesses. E quase sempre, quando ele chega, arrebata os corações, infundidos pelo desejo de bem-estar que permaneceu sufocado por tanto tempo. Quem esteve historicamente abandonado pelo Progresso, vítima de seus danos, tem pressa em fazer parte de seu banquete e, para isso, não importam as consequências em longo prazo, que geralmente incluem graves riscos à sua própria sobrevivência e ao meio ambiente ao redor. Há quem acredite, inclusive, que a desigualdade é natural e que sua manutenção é a única forma de socorrer os mais necessitados do mundo: tendo quem *pode* doar, afinal, os famintos não morrerão de fome. O nome disso é filantropia e sua intenção é trazer paz às consciências daqueles que se servem com abundância das riquezas, como o fazem os bilionários que engordam as listas de opulências do mundo contemporâneo. São eles, precisamente, que defendem que é preciso manter a lógica e alimentar o Progresso em nome do emprego, do equilíbrio da Bolsa, dos apoios eleitorais e da paz geral fundada no fato de que *cada um sabe o seu lugar* na hierarquia das coisas.

Escola da suspeita

Eis a sedução contra a qual é preciso levantar uma "escola da suspeita". Como ilusão, o Progresso lida com os instintos mais profundos, tentando atrair, agradar e fascinar para então enganar. A forma dessa sedução é a ideia mais simples e mais corrente do mundo da política: a de que é possível, com Progresso, eliminar a pobreza e fomentar uma vida boa para todas as pessoas. Como valor inquestionável e "epíteto recomendatório", o Progresso é um bem unívoco, cujo valor é positivo, desejável e mesmo necessário e sempre de novo urgente. A lucidez histórica, contudo, depõe contra essa promessa e torna a sedução, uma mentira, na medida em que a prosperidade prometida não esconde seus fracassos, os quais deveriam contar para colocar em xeque a legitimidade de suas premissas. O remédio – mais uma vez – agrava o mal que promete combater. O conforto do conceito, nesse caso, só expressa a pressa com que um determinado sistema de mundo quer fazer acreditar como possíveis e mesmo prováveis um conjunto de aspirações que, no limite, não existem em lugar nenhum – ou pelo menos não existem em quase nenhum lugar.

Como marca distintiva da sociedade moderna (em relação às precedentes, consideradas, nesse caso, como atrasadas, obscurantistas, estagnadas e, por isso mesmo, fracassadas), o Progresso foi associado, como vimos, ao advento da sociedade industrial e aos novos potenciais de exploração da natureza fornecidos pela ciência e pela técnica, na qual o acúmulo de mais poder passou a ser buscado como meta central, uma tarefa instituída desde o horizonte ético como uma obrigação – na medida em que *mais* seria sempre *melhor*. Como adjetivo, *melhor* é sempre *superior* a algo, e isso implica uma comparação com o anterior, que seria sempre, portanto, *inferior*. O Progresso, nesse caso, revela a crença de que algo *novo* deve ser colocado no lugar do velho, e que esse novo é sempre superior e, portanto, *melhor*. Em outras palavras, o *novo* é sempre o *melhor* e isso explica a força como a palavra inovação se espalha pela corrente sanguínea da sociedade contemporânea, associada à *hipernovidade* e à *neofilia*, que são formas de Progresso – embora desconheçam, na maior parte das vezes, o próprio conteúdo do que está em jogo. A lógica desse modelo é a expansão, portanto, um movimento contínuo que só pode se manter por meio de uma propagação intensiva cujo esforço deixa de ser uma opção e passa a ser uma necessidade.

Essa é a lógica daquilo que se poderia chamar da *religião moderna* (RIST, 2022, p. 40). E como elemento de crença, ela se realiza na forma de um culto que inclui diferentes práticas e rituais cotidianos, simples, mas de tal forma difusos, que podem ser encontrados em todos os âmbitos sociais. Além disso, como crença, tal ideia induz a pensar que não há outra forma de fazer as coisas, que não há uma alternativa senão essa. Trata-se, afinal, de uma crença na qual todos creem e que reúne alguns fragmentos das mais antigas e profundas ambições humanas as quais, sendo eficazes, levam a atuações concretas, de tal forma que "o ato de crer é performativo e se é necessário fazer crer, é para fazer atuar" (RIST, 2022, p. 41). Como performance, portanto, o Progresso se reanima a cada nova prática, assumindo novas aparências em novos rituais e signos que se opõem frontalmente à possibilidade de uma crítica.

Como crença, o Progresso está centrado em uma promessa, cujo cumprimento depende da capacidade humana de retroalimentar constantemente o sistema. É aí que reside a sua pretensa legitimidade: a construção da ilusão do Progresso depende da sua própria eficácia performativa. Tal performance inclui as noções de continuidade (a mudança de aspecto não significa ruptura nenhuma, mas permanência da mudança como regra constante), cumulatividade (as novas etapas seguem as anteriores, mas as superam em maturidade; como se a adição fosse sempre positiva) e irreversibilidade (a nova etapa alcançada impede que se volte atrás). Essa lógica, além de tudo, conta com a palavra dos *especialistas*, constituídos como líderes dessa "religião"[22]: eles não apenas descrevem o processo, mas traduzem seus benefícios e projetam as suas expectativas futuras. Tais especialistas (hoje se fala em *futuristas*) acreditam que as mudanças devem continuar e que temos todas as condições de desenhar o futuro que queremos para a humanidade, geralmente amparados nos poderes tecnocientíficos disponíveis e em desenvolvimento. Seu vocabulário, por isso, sempre se revela utópico e apocalíptico.

A crítica, contudo, precisa ser bem situada: ao contrário do que previu Nisbet (1985, p. 16), em sua *História da ideia de Progresso*, de 1980, o expurgo da ideia de Progresso do campo intelectual contemporâneo não é apenas um reflexo da "revolta contra o racionalismo", do "cultivo do irracionalismo" ou mesmo de uma tendência acentuada ao subjetivismo, ao hedonismo e ao pessimismo, trazidos à tona por autores como Nietzsche, Schopenhauer, Freud, Tocqueville, Burckardt, Spengler, Georges Sorel, além de literatos do calibre de T. S. Elliot, James Joyce, Ezra Pound e W. B. Yeats, entre outros. Não é por um problema de perda de fé, portanto, mas pelas reiteradas demonstrações de sua incoerência e ineficácia, pela falha de suas promessas e pela gravidade de seus danos (entre os quais destaca-se a questão ambiental) que o Progresso

[22] Sobre a relação entre Religião e o progresso tecnológico, *cf.* David Noble (1997), para quem a tecnologia alonga o discurso religioso, mantendo íntima relação com os elementos que o caracterizam.

precisa ser analisado criticamente. E tais danos, afinal, não devem ser tratados como mera corrupção da [boa] ideia do Progresso, senão como sua parte intrínseca e mesmo como o custo de sua poderosa difusão. É para sair do encanto dessa ideia, portanto, que a Filosofia, mais uma vez, precisa tirar a cera dos ouvidos. E isso não por um gosto especial dos intelectuais pelas tragédias ou pelo pessimismo, mas por suas evidências cotidianas. A crítica ao Progresso se faz urgente e necessária, como parte da estratégia de enfrentamento dos seus próprios danos.

Nas palavras de Octavio Paz, eis o paradoxo: "Agora sabemos que o reino do progresso não é deste mundo: o paraíso que nos promete está no futuro, um futuro intocável, inalcançável, perpétuo. O progresso povoou a história de maravilhas e de monstros da técnica, mas também desabitou a vida dos homens. Nos deu mais coisas, não mais ser" (1999, p. 244). Lidar com esse paradoxo é a missão filosófica dos nossos tempos.

3

Moeda sem valor

A história da crença no Progresso é uma história oscilante, pendulando entre o entusiasmo e a detração completa. Isso significa que uma genealogia do termo já evidencia inúmeras tentativas de levar a cabo uma crítica que demonstrasse a falibilidade de suas promessas. Então vejamos: sem almejar realizar uma genealogia completa desse conceito, podemos, contudo – com a intenção de levantar pistas capazes de nos ajudar a pensar como se desenvolveu uma crença tão arraigada e, sobretudo, como ela já inclui uma crítica de seus pressupostos – ressaltar algumas dessas raízes teóricas. Poder-se-ia começar, por exemplo, lembrando que para Aristóteles, o conceito de Progresso está associado ao conceito mesmo de natureza, compreendida como aquilo que cresce, que se desenvolve (etimologicamente *Phusis* vem do verbo *phuo* – que significa *crescer*). Para o estagirita, natural, portanto, é tudo o que muda, e mudar está na natureza própria de todas as coisas. Ora, se tudo que vive, portanto, gera seu próprio desenvolvimento (tudo cresce), então o princípio de movimento é a essência de todas as coisas naturais. Como se lê no livro quinto da *Metafísica*: "natureza significa o princípio originário e imanente, do qual se desenvolve o processo de crescimento da coisa que cresce" e, além disso, "natureza significa o princípio do primeiro movimento que se encontra em cada um dos seres naturais e que existe em cada um deles, justamente enquanto é ser natural" (ARISTÓTELES, 2002, p. 199). Nesse caso, a finalidade de todas as coisas, ou seja, a realização de sua própria natureza, dependeria precisamente das condições de seu desenvolvimento, em uma lógica em que a parte se realiza como uma derivação do todo e seu processo é a realização desse todo que já está contido nela – tal como a árvore, afinal, já está contida na semente. Alcançar um estado final é alcançar a perfeição, que depende da sua capacidade de movimento, ou seja, de mudança em direção à realização desse fim – embora tal processo inclua sempre a ideia de efetivação de um ciclo que vai do nascimento, ao crescimento e à decadência.

Essa ideia de desenvolvimento se repete, em seus moldes próprios, na tradição cristã e na interpretação da própria história humana. Santo Agostinho, foi um dos primeiros a pensar o problema tentando articular as ideias gregas com a história da salvação. Podemos dizer que, com o cristianismo, a ideia de Progresso ganhou um reforço inédito, na medida em que se consolidou a ideia de que tudo caminha para uma realização final, de tipo escatológica. Recusando a ideia aristotélica de ciclos, a história da salvação passou a se compreendida como uma história de Progresso, e esta, por sua vez, como a realização plena de um plano divino para o mundo. Essa ideia repercute mais tarde o próprio Iluminismo, principalmente com sua crença no Progresso por meio da racionalidade, algo que seria de tal modo cumulativo, que passou a incluir o retorno à herança como um critério do Progresso (veja-se por exemplo, o fato de que o Renascimento foi buscar suas fontes no mundo clássico). O Iluminismo passa a ver o Progresso como uma orientação para o futuro, mas compreendida como uma "digestão" do passado como o intuito de superá-lo. Esse era o fundamento do conceito de perfectibilidade, por exemplo, que passou a orientar a reflexão sobre o Progresso na Modernidade: o ser humano tende a aperfeiçoar-se constantemente, transformando o passado em condição para sua própria superação. Nesses termos, toda a Modernidade não passou de uma luta contra aquilo que foi considerado um empecilho para o Progresso: a superstição, o despotismo, a violência, a barbárie e as hostilidades de todo tipo. Em seu lugar, a crença na razão, nas ciências e nas artes. Foi então, no final do século XVII, que a ideologia do Progresso se tornou dominante, atingindo grandiloquência com Leibniz: "Não só tudo marcha em ordem, mas também nossos espíritos devem fazer-se cada vez mais conscientes disso conforme realizam os Progressos" (1959, p. 51). Como ideologia, o Progresso se torna também, pelas mãos de Leibniz, uma crença no "melhor dos mundos possíveis".

Como se sabe, o Esclarecimento também quis esclarecer a si mesmo. Por isso, vozes dissonantes começaram aparecer: Jean-Jacques Rousseau, no século XVIII, em resposta ao concurso da Academia de Dijon, fez ver que o Progresso das ciências e das artes resultava em corrupção moral. Para Rousseau, o Progresso, na medida em que distancia o ser humano daquele chamado "estado primitivo" da humanidade, embora traga muitos conhecimentos novos que se acumulam na forma de novas ciências, acaba por afastar o homem de si mesmo. Essa visão da história, problematizada filosoficamente, foi bastante comum nessa época. Autores como Hume, Ferguson, Buffon, Condorcet e mesmo Hegel e Kant se dedicaram ao problema com louvável tenacidade.

O final do século XIX, contudo, viu nascer uma série de críticas à ilusão e às utopias do Progresso como parte das grandes "escolas da suspeita" nascidas sob a pena de Marx, Nietzsche e Freud, entre outros. É desse período, inclusive, uma das primeiras tentativas de fazer uma *genealogia* do conceito de Progresso, levada a cabo pelo jurista francês Édouard Laboulaye, em sua obra *Le Progrès*, de 1869, onde se lê: "Durante trinta anos podemos dizer que a doutrina do Progresso tomou tantos avanços que hoje só temos um erro a combater, é esse erro [...] que faz do Progresso uma lei fatal. Parece que o Progresso é algo como um trem ferroviário [que] marcha e avança, levado para um objetivo comum. Não é assim nas coisas da vida; não temos uma força que nos arraste, só existe o Progresso que nós mesmos fazemos" (1869, p. 38[23]). Trata-se, portanto, de denunciar a história de um erro na forma de um entusiasmo ingênuo que suscitou a obrigação de colocar em marcha um sistema de coisas que passou a ser reconhecido como autônomo.

Outro autor que lançou suspeitas sobre a lógica dessa crença foi Charles Fourier que, na sua obra de 1835 (p. 27), perguntava-se: "Não há algum ardil escondido sob esse jargão do Progresso?". Fourier, conforme demonstra Jarrige[24] (2020, p. 8), considerou como necessária uma crítica da ideia de Progresso, afirmando que "sem esse conhecimento, todas as verborragias do Progresso não são apenas

[23] Disponível em: https://encurtador.com.br/dkwCP. Acesso em: 25 nov. 2022.

[24] A quem seguimos no levantamento dessas fontes.

charlatanismo, e muitas vezes ignorância grosseira" (1835, p. 31). Sem essa análise e crítica, o Progresso não passaria de um conceito preso "num impasse, num círculo vicioso onde funciona como um cavalo em um carrossel, galopando sem mudar de lugar" (1835, p. 57). A mesma ideia aparece em Eugène Huzar, cuja obra de 1855[25] também denunciou a "ciência ignorante e imprescientе de um Progresso que funciona cegamente, sem critério ou bússola, ao acaso para virar as leis da natureza contra seu objetivo" (p. 34). Jarrige inclui nessa lista de críticos franceses os nomes de Ernest Renan, Leconte de Liste e mesmo Baudelaire, para quem o Progresso seria apenas um "farol obscuro" e uma "ideia grotesca, que floresceu no terreno podre da fatuidade moderna" lançando "escuridão sobre todos os objetos do conhecimento" (1868, p. 219).

Podemos dizer que o triunfo final da ideia de Progresso teria ocorrido nessa mesma época (final do século XIX) com a teoria da evolução, que o transformou em um paradigma existencial, na medida em que a ideia se desdobrou em um evolucionismo social[26] capaz de contrapor sociedades desenvolvidas a outras não desenvolvidas ou subdesenvolvidas. Ideias como as de Comte (a respeito dos estádios teológico e metafísico até o estado positivo da humanidade, caracterizado pela ciência) e as de Marx (do mundo feudal ao capitalismo e, então, até o comunismo), estão entre as teorias mais influentes dessa perspectiva. Obviamente, depois da Segunda Guerra Mundial, a ideia de Progresso foi associada de forma definitiva ao crescimento científico e tecnológico, azeitado pelo esforço em recorrer à racionalidade para organizar o caos deixado pela barbárie da guerra. Esse papel foi desempenhado pelo Plano Marshal (1947), que pretendeu organizar a reconstrução da Europa a partir da oferta do imenso potencial produtivo norte-americano, que poderia e precisava ser escoado. Mas foi também nessa época que a ideia de que partes consideráveis do planeta

[25] Obra reeditada parcialmente em 2008.

[26] É preciso, contudo, reparar, que a noção de evolução não consta no vocabulário darwinista, apenas a ideia de seleção natural. Isso significa, que Darwin não compreende a história da vida como uma história evolutiva dos mais inferiores até os mais superiores. É verdade contudo, que as ideias evolucionistas sociais e biológicas, em certa medida, se confundiram (difundiram e vulgarizaram), em benefício da ideia de Progresso como lógica tanto histórica quanto biológica.

encontravam-se fora do jogo, sendo consideradas "subdesenvolvidas" frente à hegemonia dos Estados Unidos, representante máximo do Progresso, associado agora ao esforço de aumento da produção e difusão dos bens de consumo. Do ponto de vista latino-americano (portanto, dos países considerados subdesenvolvidos), não tardou a nascer uma teoria que pensasse a dependência dos países pobres em relação aos ricos, dependência que era acentuada pelo modelo de Progresso centrado nos Estados Unidos. Formulada pelos teóricos do CEPAL (Comissão Econômica para América Latina), um organismo criado pela ONU nos anos 1950, essa teoria não foi suficiente, contudo, para questionar a própria ideia de desenvolvimento, tendo seus autores, no máximo, se contentado em propor um tipo de desenvolvimento que incluísse os países mais pobres. Em termos de teoria econômica, vários autores, nessa mesma época, tematizaram os impasses da ideia de crescimento (o que faz ver que ela está longe de ter se consolidado de forma uníssona e definitiva): no início do século passado, o economista inglês Arthur Cecil Pigou pensou em deter as "externalidades negativas" do Progresso por meio de uma taxa de poluição, por exemplo; enquanto o economista alemão Karl William Kapp tratou dos custos sociais e ambientais do Progresso, tema que também ocupou a economista inglesa Ezra J. Mishan em seu artigo de 1960, *The Costs of Economic Growth*.

Seria preciso acrescentar que, nessa época, não apenas Hans Jonas publica a sua obra seminal *O princípio responsabilidade*, mas outros importantes autores refletem sobre o problema da relação entre o Progresso, o desenvolvimento e os limites da natureza. Entre eles, podemos citar Aldo Leopoldo, especialmente com Ética da terra, cuja primeira versão é de 1933[27] (ao qual se juntam argumentos mais recentes, como o proposto por John Baird Callicott [2013]), o livro de Rachel Carson, *A primavera silenciosa* (2010) e as ideias de Agnes Naess[28] sobre ecologia profunda.

---

[27] Tradução brasileira: LEOPOLD, 2019.

[28] A começar por seu artigo de 1973, *The Shallow and the Deep Long Range Ecology Movement*.

Os custos do crescimento

Dessa forma, com os debates ambientais iniciados nos anos 1970, a partir, princi]palmente, da Conferência sobre o Meio Ambiente Humano, realizada pelas Nações Unidas em Estocolmo, em 1972, começou-se a repensar o Progresso a partir da ideia de "limites do crescimento", um conceito que acabara de ser proposto por investigadores do MIT para o Clube de Roma, em um relatório cujo título era, precisamente, *The limits of Growth*[29]. O movimento ambiental, portanto, foi um dos fatores mais importantes para a crítica da ideia de Progresso, embora as ditaduras latinoamericanas e as lutas contra o comunismo em várias partes do mundo tenham ofuscado essa vertente, que viria a ser retomada apenas a partir do final dos anos 1990, como desdobramento dos debates da década anterior entre teorias que tentavam conciliar o desenvolvimento com o meio ambiente, como forma de salvar o conceito de Progresso do seu próprio colapso. São parte desse movimento, os esforços da ONU para criação de uma Comissão Mundial sobre o Meio-ambiente e Desenvolvimento, em 1983, cuja presidente foi a médica Gro Harlem Brundtland, então primeira ministra da Noruega e cujo documento final foi publicado em 1988 sob o título de *Nosso futuro comum.* Nesse texto, pela primeira vez, foram listados os grandes problemas ecológicos do planeta, entre os quais a deflorestação, a degradação do solo, ampliação do buraco de ozônio, o problema demográfico e nutricional, a extinção das espécies, os limites da energia, a urbanização, a poluição

29 Disponível em: https://donellameadows.org/wp-content/userfiles/Limits-to-Growth-digital-scan-version.pdf Acesso em: 21 nov. 2022. O livro teve uma atualização em 2007 e foi traduzido para português sob o título de *Limites do crescimento: a atualização de 30 anos* (MEADOWS; RANDERS; MEADOWS, 2007), em cujo prefácio se pode ler: "Infelizmente, a pegada ecológica humana continua crescendo apesar do Progresso feito em tecnologia e padrões de comportamento. Este é o fato mais grave, pois a humanidade já se encontra no território insustentável. Mas a consciência geral desta difícil situação é desesperadoramente limitada. Demandará um longo tempo até a obtenção do apoio político às mudanças nos valores individuais e nas políticas públicas, que possibilitem reverter as tendências atuais e trazer de volta a pegada ecológica para aquém da capacidade de suporte de longo prazo do planeta." (p. XIV). Para os autores, continuamos pensando o desenvolvimento segundo o modelo do *overshoot*, ou seja, para além da capacidade de suporte do planeta. Esse seria o estágio do colapso global, produzido por uma crença inabalável no Progresso e no crescimento, cujo fanatismo leva à cegueira.

dos oceanos e mesmo as crises sanitárias associadas a esses dilemas. Como sugestão para o enfrentamento dessa questão, a Comissão propôs a ideia de um "desenvolvimento duradouro" que trouxe à tona a própria ideia de sustentabilidade – mas que permaneceu como um bom diagnóstico, sem capacidade de enfrentar, com a merecida eficácia, o problema ambiental que colocava o conceito de Progresso em xeque.

Em 1992, seguindo sugestão do relatório Brundtland, a ONU organiza a Cúpula da Terra, no Rio de Janeiro, onde essas ideias foram muito debatidas, com participação não apenas de líderes políticos, mas também dos movimentos sociais e das organizações não governamentais que haviam se consolidado durante aquela década. Foi o início de um grande movimento que chamava a atenção para o problema ambiental, um esforço que se desdobrou desde então em várias iniciativas teóricas e práticas e que cada vez mais passou a incluir críticas severas ao conceito de desenvolvimento, de crescimento e de Progresso, em plena era da globalização. Tratava-se de demonstrar, afinal, que a força do conceito de Progresso não havia impedido o aparecimento de seus imensos prejuízos e que a globalização, afinal, teria acentuado as desigualdades e o processo de "desmundanização" (perda do mundo) que levava a um abandono do cuidado com o local algo que Bruno Latour (2020) classificou como "desaterramento". Fazem parte dessas críticas, as obras de pensadores como Serge Latouche, Wolfgang Sachs, François Partant, Ivan Illich, Arturo Escobar, Vandana Shiva, Gilbert Rist, entre vários outros cuja lista é bastante longa.

Podemos afirmar, além disso, que uma importante mudança no cenário do Progresso em nível latino-americano e mundial foi a inserção, em 2006, do conceito de "bem viver", no vocabulário político, a começar pela Bolívia[30] e Equador. Trata-se de um conceito alternativo, que pretende expressar a multiplicidade de práticas econômicas e de estilos de vida dos diferentes atores nacionais, de acordo com suas especificidades geográficas e culturais. Para Alberto Acosta (2016, p. 14), o *bem viver* é uma "filosofia em construção" que "parte da cosmologia e do modo de vida ameríndio, mas que está presente nas mais diversas

[30] *Plan nacional de desarrollo. Bolivia digna, soberana, productiva y democrática para vivir bien, 2006-2011* (*Gaceta Oficial*, 12 de septiembre de 2007, Decreto supremo n. 29272, promulgado por Evo Morales).

culturas", incluindo a filosofia africana do *Ubuntu* e as admoestações do Papa Francisco, principalmente em sua encíclica *Laudato Si'*, que foi de grande importância para a difusão dessa ideia. Uma das bases do conceito é precisamente a crítica à crença no Progresso e ao "divórcio entre a Natureza e o ser humano" que tem orientado a história da civilização ocidental. Para Acosta:

> O Bem Viver – enquanto filosofia de vida – é um projeto libertador e tolerante, sem preconceitos nem dogmas. Um projeto que, ao haver somado inúmeras histórias de luta, resistência e propostas de mudança, e ao nutrir-se de experiências existentes em muitas partes do planeta, coloca-se como ponto de partida para construir democraticamente sociedades democráticas. Para trilhar um caminho diferente, é preciso superar o objetivo básico e os motores do modelo ocidental de desenvolvimento. (ACOSTA, 2016, p. 29).

O conceito de *bem viver* traduz, assim, uma crítica à "inviabilidade do estilo de vida dominante", baseado no crescimento material sem fim que "poderia culminar em suicídio coletivo" (ACOSTA, 2016, p. 34). Para o autor, tal risco está ligado a uma concepção equivocada de um "crescimento baseado em inesgotáveis recursos naturais e em um mercado capaz de absorver tudo o que for produzido", cujos resultados não são o desenvolvimento, mas a destruição do Planeta. Para expressar esse equívoco, Acosta cita a frase do economista britânico Kenneth Boulding: "Qualquer um que acredite que o crescimento exponencial pode durar para sempre em um mundo finito ou é louco ou economista" – um economista capitalista, complete-se. A filosofia do *Bem viver* é, por isso, uma filosofia frear a voracidade do esgotamento provocado pelo capitalismo em suas renovadas demandas de exploração, produção e, sobretudo, acumulação. Citando diretamente o sociólogo alemão Wolfgang Sachs como epígrafe, Acosta liga tal modelo a uma história de fracasso:

> Por quase meio século, a boa vizinhança no planeta foi concebida à luz do 'desenvolvimento'. Hoje, esse farol revela suas rachaduras. Começou a desmoronar. A ideia de desenvolvimento se ergue como uma ruína na paisagem intelectual. O engano e a desilusão, os

> fracassos e os crimes têm sido companheiros permanentes do desenvolvimento. Contam uma mesma história: não funcionou. Além disso, desapareceram as condições históricas que possibilitaram a proeminência dessa ideia: o desenvolvimento tornou-se antiquado. Sobretudo, as esperanças e os desejos que lhe deram asas estão agora esgotados: o desenvolvimento ficou obsoleto. (SACHS *apud* ACOSTA, 2016, p. 43).

Nesse sentido, trata-se de uma crítica à noção individualista do Progresso, na medida em que o viver bem é pensado como uma experiência coletiva que opõe o *bem* ao *melhor*: não se trata de viver sempre *melhor* (em Progresso constante, portanto), mas em alcançar algum estado que se considere satisfatório, no sentido de que se vive *bem*, sem mais necessidade de Progresso e acumulação de esforços ou bens. A questão é deixar de resumir a ideia de uma vida boa apenas à dimensão material, mas ampliá-la a elementos afetivos, espirituais e ecológicos, por exemplo, em um horizonte holístico e cosmocêntrico. Viver bem é *com-viver*: coabitar, coexistir e viver rodeado e rodeando-se de todos os demais seres, humanos e não humanos, em uma relação de respeito e corresponsabilidade.

Por isso, para Acosta,

> O Bem Viver não pretende assumir o papel de um imperativo global, como sucedeu com o desenvolvimento em meados do século 20. O Bem Viver é, por um lado, um caminho que deve ser imaginado para ser construído, mas que, por outro, já é uma realidade. O Bem Viver será, então, uma tarefa de (re) construção que passa por desarmar a meta universal do progresso em sua versão produtivista e do desenvolvimento enquanto direção única, sobretudo em sua visão mecanicista do crescimento econômico e seus múltiplos sinônimos. O Bem Viver apresenta-se como uma oportunidade para construir coletivamente novas formas de vida. (2016, p. 69)

Se a economia é a ciência que nos ajuda a viver bem na casa comum, então, para Acosta, ela está no centro da questão ambiental: "a economia deve submeter-se à ecologia" (2016, p. 121) e, para isso, contribuir para uma mudança radical no estilo de vida em vigor, baseado no extrativismo dos recursos – especialmente do Sul global.

Por fim, é preciso reconhecer que o conceito de *bem viver* se apresenta como um conceito ético por excelência e exige uma remodelagem das práticas humanas nas relações com a natureza em geral. Não por acaso, Eduardo Gudynas afirma que "é verdade que o progressismo aumentou e estendeu os planos estatais de luta contra a pobreza, mas, como o fazia defendendo os extrativismos, combateu de diferentes formas as éticas ambientais" (2019, p. 81). Em outras palavras, o Progresso sempre resistiu à ética e, como veremos mais adiante com Hans Jonas, essa continua sendo a sua estratégia e é precisamente por isso também que a questão da relação entre ser humano e natureza se apresenta como um desafio ético central de nosso tempo.

Limites do crescimento

O contrário do Progresso não é subdesenvolvimento, mas precisamente, *Limite*. Isso porque, o progresso é a crença absoluta no ilimitado, concretizado na ideia de que a natureza pode oferecer todas as condições para uma exploração indefinida de suas fontes. Para o Progresso, por isso, nada é proibido, nada pode ser imposto como obstáculo. É por isso que os arautos do Progresso não se dão bem com a Ética: sendo essa uma discussão sobre os limites das ações humanas (nos termos de Hans Jonas, como veremos, isso significa impor limites aos poderes tecnológicos), ela se opõe frontalmente à ilusão de que tudo está permitido. Por não respeitar os limites, o Progresso nos converteu em *vítimas de nosso próprio êxito*, para lembrar o livro de Ross Douthat: "Os seres humanos podem continuar vivendo com vigor, rodeados de um estancamento geral, prosperar rodeados de esterilidade, ser criativos envoltos na repetição e construir vidas boas e completas, que ofereçam em um microcosmos, um contraponto e um desafio ao macrocosmos decadente?" (DOUTHAT, 2021, p. 233). Ademais, uma tal situação contraria a tradição que reza que o ser humano é, por excelência, um *Homo mensura*, aquele que mede, ou seja, o que sabe estabelecer limites. O fio dessa ideia nos liga ao profundo sentido do ser humano como um ser que se realiza eticamente no respeito, no cuidado e na responsabilidade.

Essas ideias articulam algumas preocupações que tomaram corpo a partir da década de 1970, quando cientistas e teóricos do crescimento econômico começaram a se dar conta de que se haveria de lidar com o problema dos limites da natureza. A ideia de um "crescimento zero" já apareceu, por exemplo, no já citado informe do Clube de Roma, de 1972, intitulado *The limits to Growth*[31] e no informe da Fundação Dag Hammarskjöld, cujo título era *What now?*[32], preparado por ocasião da 7ª Sessão da Assembleia das Nações Unidas, realizada em Nova York de 1 a 12 de setembro de 1975. Tais documentos propunham uma pausa no crescimento por parte dos países industrializados e a adoção de um estilo de vida mais frugal e menos consumista.

Mais atualmente, o debate sobre os limites ganhou destaque nos estudos sobre a emergência climática. Um dos conceitos apresentados pelo Fundo Mundial para a Natureza (WWF), por exemplo, estuda o que se chama de "pegada ecológica" (Ecological Footprint) ou simplesmente de "pegada global"[33], lançado em 1996 por William Rees e Mathis Wackernagel. Para o WWF,

> Atualmente, a média mundial da Pegada Ecológica é de 2,7 hectares globais por pessoa, enquanto a biocapacidade disponível para cada ser humano é de apenas 1,8 hectare global. Tal situação coloca a população do planeta em grave déficit ecológico, correspondente a 0,9 gha/cap. A humanidade necessita hoje de 1,5 planeta para manter seu padrão de consumo, colocando, com isso, a biocapacidade planetária em grande risco. (WWF, 2023).

Isso significa que o atual estilo de vida tem exigido cada vez mais do planeta, de tal forma que, caso nada seja feito, até 2050 os padrões de consumo humanos exigirão 2 planetas. É assim que a ideia de limite se apresenta: sendo que temos apenas um planeta, isso significa que a sua exploração está além dos limites suportáveis.

Os criadores do conceito de pegada ecológica apontam para cinco fatores que orientam o cálculo dos limites: Terra Bioprodutiva (terra

[31] O chamado Relatório Meadows (MEADOWS, 2007).

[32] Disponível em: http://www.daghammarskjold.se/wp-content/uploads/2016/07/What-Now-1975.pdf. Acesso em 20 nov. 2022.

[33] É possível calcular individualmente a pegada ecológica no site: footprintcalculator.org.

para a colheita, pastoreio, corte de madeira e outras atividades de grande impacto); Mar Bioprodutivo (área necessária para pesca e extrativismo); Terra de Energia (área de florestas e mar necessária para a absorção de emissões de carbono); Terra Construída (área para casas, construções, estradas e infraestrutura); Terra de Biodiversidade (áreas de terra e águas destinadas à preservação da biodiversidade). Esses marcos apontam para uma crise profunda na ideia de Progresso na medida em que os limites geofísicos do planeta demonstram como a globalização econômica dos últimos anos, apoiada no produtivismo e no extrativismo, vem agravando ainda mais o problema ambiental.

Além disso, estudos coordenados pelo prof. Johan Rockström, do Centro de Resiliência de Estocolmo[34], por sua vez, indicam que o desequilíbrio natural já está em andamento e que já ultrapassamos quatro dos nove limites identificados por ele e sua equipe, comprometendo a capacidade de resiliência do planeta. Os dados foram apresentados como subsídio à 26ª Conferência da ONU sobre Mudanças Climáticas (COP16), realizada em Cancun, em 2010 e deram origem ao documentário "A Terra no Limite: A Ciência do Nosso Planeta" (Netflix).

Os nove limites elencados por Rockström: mudanças climáticas, integridade da bioesfera (principalmente devido à extinção em massa de seres vivos), mudanças de uso do solo, fluxos bioquímicos (principalmente fósforo e nitrogênio, usados excessivamente em fertilizantes, por exemplo), destruição do ozônio estratosférico, uso da água doce, acidificação do oceano (nos últimos 200 anos o oceano se tornou 30% mais ácido, uma taxa calculada em 100 vezes mais rápida do que aconteceu nos últimos 55 milhões de anos), carregamento de aerossóis atmosféricos (partículas microscópicas lançadas no planeta devido à queima de combustíveis ou de florestas) e incorporação de novas entidades (organismos, entidades e substâncias novas introduzidas no mundo pela ação humana). Desses nove limites, segundo os estudiosos, os quatro primeiros já foram ultrapassados.

O agravamento dessa situação e a evidência dos seus danos no cotidiano da humanidade tem levado muitos especialistas e pensadores

[34] Essa instituição mantém a publicação de inúmeros artigos e livros que atualizam e aprofundam essa temática. Tais documentos podem ser facilmente acessados em: https://www.stockholmresilience.org/

a insistirem na urgência da mudança do estilo de vida. Para tanto, um conceito começou a ganhar forma a partir do final da década de 1970 por meio da ideia de *decrescimento*. O termo apareceu em 1979, como título do livro do matemático e economista americano de origem romena Nicholas Georgescu-Roegen, publicado pelo filósofo e historiador das ciências Jacques Grinevald com o título *Demain la décroissance. Entropie, écologie, économie* (2006)[35]. Não foi antes dos anos 2000, contudo, que o conceito reapareceu com importância e força, com o intuito de renovar os debates em torno da problemática ambiental e econômica, reunindo ambientalistas, além de críticos do desenvolvimento e dos padrões de consumo atuais e libertários que lutavam contra o sistema[36]. Tal perspectiva se afirma a partir de duas constatações: a crise ambiental demonstra a insustentabilidade do atual estilo de vida e a pobreza não é apenas uma doença do capitalismo, que poderia ser curada, mas precisamente um sinal de sua "boa saúde", de que ele está funcionando bem (e que, portanto, ela deve ser considerada um dos seus fenômenos intrínsecos, como sugeriu Seabrook [1988, p. 159]). Esses dois aspectos seriam o sinal mais evidente da crise geral da ideia de Progresso baseada no crescimento econômico e, diante delas, o decrescimento não seria apenas uma opção, mas uma urgência. Para Geneviève Azam (2019, p. 71), o conceito de decrescimento está ligado a 5 propostas: a redução do consumo e da exploração dos recursos naturais, a invenção de um novo imaginário político e social, criação de um movimento social, plural e diverso em benefício da criação de sociedades autônomas e frugais, apoio a caminhos diversos e complementares e, por último, potencialização da democracia, como pergunta sobre "como podemos viver juntos".

35 Primeira edição publicada em Lausanne, sob a direção de Pierre-Marcel Favre, 1979.

36 Muitos deles reunidos na obra coletiva *Défaire le développement, refaire le monde* (París: Parangon-L'Aventurine, 2003). Além disso, podemos citar outros importantes trabalhos publicados em língua francesa, especialmente, desde então: *Objectif décroissance. Vers une société harmonieuse* (Michel Bernard, Vincent Cheynet e Bruno Clémentin (dirs.); Lyon-París: Silence-Parangon, 2003); *Comment ne plus être progressiste... sans devenir réactionnaire* (Jean-Paul Besset; París: Fayard, 2005); *Décroissance ou barbarie* (Paul Ariès; Villeurbanne: Golias, 2005); *Decrescendo cantabile* (Jean-Claude Besson-Girard; París: Parangon, 2005); *Antiproductivisme, altermondialisme, décroissance* (Bernard Guibert e Serge Latouche (dirs.); Lyon: Parangon/Vs, 2006); *Le Pari de la décroissance* (Serge Latouche; Paris: Fayard, 2006); *Du développement à la décroissance. De la nécessité de sortir de l'impasse suicida du capitalisme* (Jean-Pierre Tertrais; Saint-Georges d'Oléron: Éditions libertaires, 2006); *La Décroissance pour tous* (Nicolas Ridoux; Lyon: Parangon/Vs, 2006); *Vers une société d'abondance frugale. Contresens et controverses sur la décroissance* (Serge Latouche; París: Mille et une Nuits, 2011).

Por isso, o decrescimento deveria ser entendido, segundo a autora, não como uma alternativa em si, mas como uma "matriz de alternativas".

É óbvio que um conceito desse tipo não teria fácil recepção. Conforme acentuou François Jarrige, trata-se de enfrentar um tabu: "anxiogênico, pouco mobilizador, negativo, reacionário, modismo dos ricos[37], ou conceito (já) ultrapassado, todos os argumentos para o desqualificar não resistem à observação implacável, afirmada há décadas, segundo a qual a extração e acumulação de materiais, associadas com o consumismo produtivista, estão atingindo seus limites" (2020, p. 5). É disso, precisamente, que se trata: de evidências que atestam que o Progresso está nos empurrando para o abismo. Diante do problema, o decrescimento, contudo, não pode ser entendido como uma "teoria que propõe um programa com uma chave na mão, ou uma estrutura já fixada"; trata-se, antes, de "uma noção plural, viva, dinâmica, inapropriável por um guru ou uma 'igrejinha', participando de uma reinvenção de imaginações e vocabulário em um momento de grande emperramento intelectual e político" (JARRIGE, 2020, p. 6). Antes de qualquer coisa, trata-se de um movimento importante, embora fragmentado e heterogêneo, o decrescimento é um "conceito recente e polêmico, constantemente rejeitado nos espaços acadêmicos e midiáticos" mas também "cada vez mais reivindicado e apropriado por atores em busca de coerência, escolhas radicais, decepcionados com as promessas ilusórias da ecologia institucional" (JARRIGE, 2020, p. 10). E tudo isso se dá em um momento de crise sistêmica dos regimes econômicos e políticos, que levam a uma crise civilizatória que exige uma "reforma dos estilos de vida individuais, em busca de coerência e de novas identidades que passam pela renúncia à felicidade artificial, pela escolha da modéstia, pela invenção de outros estilos de vida e de outras relações com humanos e não humanos" (2020, p. 10). Trata-se de uma ferramenta útil para

[37] "Joan Martinez Alier, especialista em economia ecológica, mostrou que ao lado das formas mais conhecidas de ecologismo (proteção da natureza selvagem, promoção do crescimento verde modernista), existe um 'ecologismo do povo pobre' no qual as lutas ecológicas são inseparáveis das lutas econômicas e sociais porque envolvem a defesa de um ambiente vivo ameaçado pelo desenvolvimento econômico ou mesmo por certas políticas ecológicas. Nesta perspectiva, ele vê o decrescimento como um movimento político específico dos países ricos, na Europa e na América do Norte, e procura convergências com as lutas ecológicas dos países pobres do Sul." (LARRÈRE; LARRÈRE, 2020, p. 159). Ver: ALIER, 2014.

combater um jargão largamente consolidado na história do mundo moderno e que esconde imensos prejuízos, tanto sociais quanto ambientais.

Entre os críticos do conceito de decrescimento, cuja difusão na França e Bélgica tem sido bastante significativa[38], estão aqueles que se articulam em torno do "climatoceticismo" que alguns consideram apoiada em uma agnotologia, ou seja, uma "ciência da ignorância", conforme a sugestão de Robert Proctor (2008) ou em um mercado da dúvida, conforme Orestes e Conway (2012). Os ataques ao conceito, além disso, incluem os argumentos contra o que se chama de "catastrofismo" e a "colapsologia", usados, geralmente, como sinônimos de decrescimento com a mera intenção de confundir, divagar e proteger o antigo conceito de desenvolvimento, basicamente refutando a ideia mesma de limite ou de contração. Tais correntes acabam por ridiculizar ou diabolizar aqueles que pretendem discutir o problema em "panos limpos". Como se diz: "melhor matar o mensageiro do que refletir sobre sua mensagem" (JARRIGE, 2022, p. 22).

Todo esse debate sobre o decrescimento e a crítica ao Progresso não deveria nos levar, afinal, a pensar, como propôs Bury ao final de seu livro, que o próprio conceito também pode sofrer daquilo que ele mesmo pretensamente propõe?

> Esse processo de mudança, para o qual Progresso é o nome otimista, não obrigará o "Progresso" também a cair da posição de comando em que está agora, com aparente segurança, entronizado? Ἔσσεται ἦμαρ ὅταν Um dia chegará, na revolução dos séculos, em que uma nova ideia usurpará seu lugar como a ideia diretora da humanidade. Outra estrela, agora despercebida ou invisível, ascenderá ao céu intelectual, e as emoções humanas reagirão à sua influência, os planos humanos responderão à sua orientação. Esse será o critério pelo qual o Progresso e todas as outras ideias serão julgadas. E isso também terá seu sucessor. (BURY, 2014, p. 298)

Mesmo um autor apologista do Progresso como Bury não deixa de notar, portanto, que o conceito pode ser substituído por algo "melhor",

[38] Cite-se, a esse propósito, a criação do jornal *La Décroissance*, em 2004 (http://www.ladecroissance.net/) e da revista *Entropia*, em 2006 (https://www.entropia-la-revue.org/ – essa última já descontinuada).

por uma ideia ainda mais superior – seria essa ideia, precisamente, aquela que se contrapõe ao Progresso como temos visto até aqui?

Capitalismo e mudança climática

Partimos da evidência de que as mudanças climáticas são produzidas por nossa espécie[39] mas, sobretudo, por um determinado tipo de organização de mundo que podemos caracterizar como capitalismo neoliberal, de tal forma que muitos autores vêm atuando em favor da expressão *Capitaloceno*[40] como alternativa ao *Antropoceno*[41]. Resta claro que a história desse capitalismo se mescla, de alguma forma, à própria história da mudança climática, ao mesmo tempo em que a história do enfrentamento dos efeitos de tal mudança é a história das iniquidades próprias do sistema capitalista mundial. A designação parece problemática, quando reconhecemos que uma parte significativa da humanidade não consome e não tem acesso aos bens do capital e, portanto, tem pouca dependência de energia fóssil e pouca responsabilidade sobre a crise ambiental. Nesse caso, é a desigualdade social promovida pelo capitalismo que aparece como um problema real. A própria crença na continuidade do modelo de vida atual, apenas remendado por uma tecnologia ecologicamente mais adequada, mostra simplesmente a incapacidade de pensarmos em uma alternativa ao capitalismo, baseando no reconhecimento de que tal sistema econômico tem crises periódicas que ele mesmo pode superar.

Para o historiador Dipesh Chakrabarty (2013), o erro seria reconhecer que a mudança climática faz parte da crise cíclica normal do

[39] "As mudanças climáticas são frutos de ações humanas não-intencionais e mostram, somente através de análises científicas, os efeitos de nossas ações enquanto espécie. "Espécie" pode ser o nome de um operador para uma emergente e nova história universal humana, reluzindo em um momento de perigo que é o caso das mudanças climáticas". (CHAKRABARTY, 2013, p. 22).

[40] Ou mesmo *Plutoceno, Plantationoceno* ou *Chthuluceno* (HARAWAY, 2023).

[41] "Graças à nossa numerosa população, à queima de combustíveis fósseis e a outras atividades afins – nos tornamos agentes geológicos no planeta, alguns cientistas propuseram que reconheçamos o início de uma era geológica, no qual os humanos agem como principal determinante do ambiente do planeta. O nome cunhado para esta nova era geológica é Antropoceno." (CHAKRABARTY, 2013, p. 11).

capitalismo e não, como realmente é, uma crise que coloca o próprio sistema em xeque, dado o tamanho do colapso que está se efetivando. O importante, nesse caso, seria notar que todos somos atingidos pela crise de forma irremediável, tanto ricos quanto pobres – embora os segundos terão mais dificuldade para superar os seus efeitos. A quem interessaria viver em um mundo com climas rigorosos, tempestades, inundações e eventos meteorológicos extremos? Em um cenário extremo de um aquecimento climático incontrolável, será difícil para a descendência dos mais ricos conservar os seus privilégios, tanto quanto para os pobres sobreviverem... Em outras palavras, ou o capitalismo supera aquilo que é o seu núcleo central (a acumulação que gera desigualdade), ou ele não terá condições de enfrentar os efeitos derivados da crise climática, que passa a representar um dos seus encalços mais importantes. Restaria saber *se* e *até que ponto*, na esteira de Marx, a crise do capitalismo poderia abrir oportunidade para a sua própria autossuperação.

O limite está no fato de que nós não estamos preparados para pensar politicamente de acordo com uma teoria da justiça que leve em conta os demais seres vivos, dado que continuamos limitados aos critérios restritos da animalidade humana, ou seja, ao antropocentrismo. E esse é um dos desafios para pensar o que se chama de justiça climática, na medida em que o domínio extra-humano tem continuado refratário das políticas econômicas e mesmo da ética, embora o conceito de Antropoceno confronte esta realidade com aquilo que até hoje compreendemos como forças políticas. Isso significa que os governantes de agora, devem elevar o conceito de política às raias que lhe são próprias nos dias de hoje, diante da emergência climática: para além do âmbito humano, para incluir animais e plantas que são afetadas pela ação humana. Em outras palavras, se o desafio ambiental se tornou um desafio para os direitos humanos e extra-humanos, ele também deve se tornar um desafio ético e, sobretudo, político – e cabe aos agentes e instituições de mudança social, pressionar as autoridades para que algo seja feito – e com urgência.

Assim, como sugeriu Enrique Leff no seu *Ecologia Política* (2021), é preciso reconhecer que nenhuma crítica ao Progresso pode ocorrer sem uma crítica do modelo econômico capitalista, porque é precisamente esse modelo que tenta, a todo custo e a todo momento, ultrapassar os limites da economia, segundo o modelo insustentável que orienta as forças produtivas e que coloca em segundo plano (tratados como secundários e irrelevantes) os saberes tradicionais. O reconhecimento desses conhecimentos, da diversidade cultural e dos direitos humanos e extra-humanos é parte da estratégia de enfrentamento da hegemonia do mercado que a tudo devora. Para Leff, é preciso recusar a ideia de que a natureza é propriedade dos conglomerados capitalistas que podem usá-la a seu bel prazer. Em lugar disso o autor fala de uma "empropriação" (LEFF, 2021, p. 111) e de uma "*rexistência*" (LEFF, 2021, p. 137) que partem de uma afirmação da criatividade heterogênea que marca a trajetória dos diferentes povos e culturas. Contra a capitalização e a mercantilização da natureza, portanto, é preciso desenvolver cada vez mais e com mais eficácia estratégias de justiça ambiental.

Justiça climática

Toda essa problemática nos coloca diante do conceito de justiça climática (como um capítulo da importante discussão sobre a justiça ambiental[42] ou mesmo socioambiental), como outra evidência de que a moeda do Progresso é uma moeda sem valor: as nações ricas e as nações pobres encontram-se diante do problema ambiental sob os mesmos efeitos, mas com diferentes condições de enfrentá-los. Enquanto os países ricos continuam reivindicando a liberdade para continuar produzindo e consumindo, os países pobres colhem os impactos negativos do avanço da desigualdade social e do desgaste dos recursos naturais. Segundo esse conceito, por exemplo, nações pobres deveriam ter o direito de "desenvolver-se" mais, enquanto os países ricos, mais poluentes, poderiam desenvolver-se menos ou até mesmo não se desenvolverem mais – algo que demandaria a intervenção de uma força consensual de nível planetário, obviamente. Além disso, é bom lembrar que os países pobres são mais vulneráveis e, por isso, mais afetados pelas mudanças climáticas. E precisamente pelo fato de serem "pobres", têm menos condições de

[42] Leff (2021, p. 85-109) apresenta a justiça ambiental por meio do florescimento dos chamados "direitos coletivos aos bens comuns da humanidade" e como forma de crítica aos modelos (como o capitalista) de negação de tais direitos. Essa seria, portanto, uma das características centrais de sua própria de uma *ecologia política*.

enfrentar os seus efeitos, seja quanto à profilaxia seja quanto ao tratamento posterior dos danos.

Como dissemos, o conceito de justiça climática é uma derivação do tema mais geral da justiça ambiental, que tenta superar a ideia da defesa particular da integridade de determinada região ou condição ("não no meu quintal" – *not in my backyard*, ou NIMBY em inglês), como oposição às políticas de risco e poluição por parte de pessoas, grupos ou sociedades, em direção a uma visão mais geral representada pelo argumento de que a destruição ambiental não pode alcançar o "quintal de ninguém" (*not in anybody's backyard* – NIABY). Isso significa que os potenciais destruidores não poderiam causar danos ambientais em nenhum lugar do mundo e, para isso, seria necessário construir canais de comunicação com diferentes organizações em vista da construção de estratégias de solução dos problemas, bem como com os governos, em vista do fortalecimento das políticas de proteção ambiental.

Nascido no contexto norte-americano nos anos 1960, ligado sobretudo à relação entre raça, etnia e meio-ambiente, o conceito ganhou força a partir da criação da *Stop Climate Chaos Coalition*, formada em setembro de 2005, cuja ação foi importante durante a Conferência das Nações Unidas sobre Mudanças Climáticas, realizada em Copenhague, em 2009. Tal coalisão passou a contar com inúmeras organizações cujo esforço era lutar por um comércio internacional justo, em vista da proteção do meio ambiente e das populações vulneráveis. O lançamento dos relatórios do Painel do Clima, da ONU, principalmente a partir de 2007, acabou por fortalecer a utilidade do conceito para pensar as políticas ambientais nacionais e internacionais, principalmente porque vai restando cada vez mais óbvio que, embora os impactos da mudança climática afetem toda a população ao redor do mundo, a gravidade, a intensidade e a capacidade de enfrentar as suas consequências são diferentes entre os países e grupos sociais. E mais: que tais diferenças estão intimamente ligadas, entre outros aspectos, às situações econômicas desses grupos e nações, principalmente no que tange às desigualdades sociais, que envolvem o acesso à renda, à infraestrutura e aos direitos sociais básicos. Em outras palavras, quanto mais vulnerável socialmente, mais desprotegido está um grupo do ponto de vista ambiental, pois quanto mais dificuldades para execução de obras de infraestrutura ou socorro em casos de calamidade, quanto mais capacidade de sobreviver em casos de escassez ou diante do aumento do preço de produtos (especialmente alimentos), mais acesso a tecnologia ou a serviços de saúde... mais condições de enfrentamento da emergência climática.

No seu livro sobre o tema, a ex-presidente da Irlanda e enviada especial da ONU para mudança climática, Mary Robinson escreveu que, diante desses desafios,

> A sensibilização a respeito da justiça climática requer que unifiquemos os fundamentos dos direitos humanos com os problemas de desenvolvimento sustentável e a responsabilidade pela mudança climática. Precisamos criar uma plataforma do tipo "o povo primeiro" para aqueles que estão à margem, sofrendo os piores efeitos da mudança climática, e amplificar suas vozes para assegurar-lhes um lugar à mesa em qualquer negociação futura sobre o tema. Nas palavras do arcebispo Desmond Tutu, da África do Sul, a justiça climática pode ser uma nova "narrativa de esperança". (ROBINSON, 2021, p. 43).

Além disso, em uma passagem sobre os *Princípios da Justiça Climática*, disponível no site da Fundação Mary Robinson, podemos ler:

> A justiça climática vincula direitos humanos e desenvolvimento para alcançar uma abordagem centrada no humano, a salvaguarda dos direitos das pessoas mais vulneráveis e partilha dos encargos e benefícios da mudança do clima e seus impactos equitativos e justos. A justiça climática é informada pela ciência, responde à ciência e reconhece a necessidade de administração equitativa dos recursos mundiais. (FUNDAÇÃO MARY ROBINSON, 2023)

Há muitas críticas possíveis às posições de Robinson e outros líderes mundiais, obviamente. Mas é preciso contar com os esforços desses mesmos líderes, pressionando-os a assumirem cada vez mais o problema como um problema de todos.

Assim, o conceito de justiça climática refere-se diretamente aos efeitos negativos do Progresso, na medida em que traduz as disparidades dos impactos e de potencial de enfrentamento, bem como o apelo às responsabilidades diante das mudanças climáticas. Trata-se de um conceito útil para questionar o sistema econômico, especialmente o capitalismo neoliberal, que não apenas esgota os recursos naturais, como sobretudo, gera as vulnerabilidades e desproporcionalidades para seu enfrentamento.

Falamos aqui de pobres e ricos, mas seria preciso ainda acrescentar ao conceito de justiça climática, a já citada questão do racismo ambiental: todos sabemos que, entre as vítimas das calamidades que se tornaram cada vez mais comuns, infelizmente, em nossos dias, estão rostos negros e indígenas. Essa situação, por óbvio, é resultado tanto do racismo estrutural das nossas sociedades quanto do colonialismo e da escravidão que servem de fundamento para a destruição da natureza ao redor do mundo – e também, especialmente, no Brasil. Esse é o tema do instigante livro de Malcom Ferdinand, *Uma ecologia decolonial* (20212, no qual o autor desenvolve precisamente uma análise da problemática ambiental a partir do mundo caribenho mas, sobretudo, levando em conta a história de racismos que permeia um problema que faz das vítimas do racismo, também vítimas ambientais, na medida em que o Progresso é, inegavelmente, um projeto de homens brancos. Para Ferdinand, a "dupla fratura" que separa os movimentos ambientais dos movimentos antirracistas e decoloniais precisa ser preenchida com uma visão capaz de conjugar as pautas convergentes. Isso significa que o ambientalismo precisa abandonar uma posição "apolítica" (FERDINAND, 2022, p. 25) que muitas vezes marca a sua genealogia, para articular-se com o que o pensador martinico chama de "escala de valores horizontal" entre as quais estão as "injustiças sociais, as discriminações de gênero e as dominações políticas ou a hierarquia dos meios de vida" ou mesmo a causa animal e vegetal.

4

Por um catastrofismo metodológico

Paolo Rossi, em *Naufrágios sem espectador: a ideia de Progresso* (2000), mostra como a ideia de catástrofe iminente teve grande influência em diferentes períodos e movimentos da história, entre os quais se destaca o milenarismo[43] do século XVII. A esse propósito, vale aproveitar a citação de Thomas Burnet (1681-1690), em *Sacred Theory of the Earth*, um texto do milenarismo político que repercute ideais então comuns na Igreja Anglicana e que trata da "visão de uma futura e grandiosa catástrofe" que envolvia ao mesmo tempo o mundo histórico e o natural: "Tudo o que admiramos e veneramos como grande e magnífico está destinado a esvair-se no nada. Onde estarão os grandes impérios do mundo e as cidades com seus monumentos de glória? A própria Roma eterna desaparecerá da terra e sobre ela descerá um perpétuo esquecimento". Nas palavras de Rossi, tais narrativas estão carregadas do tom apocalíptico e catastrófico: "O mundo, emerso de uma grande catástrofe, está destinado a desaparecer. A Terra, que no seu estado atual é o resultado de imensas mutações, parece a Burnet privada de ordem e de proporção: uma espécie de novo caos." Ela não é mais, acrescenta o autor, citando Burnet, "a obra da natureza segundo a sua primeira intenção e de acordo com o primeiro modelo", mas é o resultado de "materiais fragmentados, dispersos e despedaçados" (ROSSI, 2000, p. 59).

[43] Em termos gerais, a expressão diz respeito à crença que a história caminha linearmente em direção a um final no qual tudo será mudado radicalmente, seja em termos sociais, políticos ou religiosos (a vinda de Cristo, por exemplo, ou o apocalipse final).

Rossi chama atenção para os sentimentos que tais relatos despertam: "diante de uma crise profunda, tendo em vista um presente inaceitável, pode-se reagir com ansiedade, angústia, sentimento de inutilidade das coisas humanas ou de uma inevitável catástrofe" tanto quanto, segundo o autor, seria possível "que a impressão de viver numa época de grandes mudanças dê lugar à esperança" e que tais crises possam "arrastar consigo edifícios putrescentes", ou seja, servir como uma espécie de processo purificador, abrindo caminho para novas fundações, para as quais a Filosofia teria um papel preponderante, já que se espera desse novo tempo também um Progresso nos saberes em geral (o que seria adquirido não mais por um retorno às narrativas do passado, mas por meio do novo método da verdade, a experiência[44]). A catástrofe pode ser, afinal, uma chance de novas possibilidades. Para Rossi, por isso, "o apelo ao futuro, ao que os homens poderão realizar se tiverem a coragem de tentar caminhos antes não tentados, é um motivo central da filosofia do século XVII", acrescentando que "a ele corresponde a afirmação da limitação da civilização dos antigos, o sentimento de que se pode e se deve livrar-se do peso da tradição, a convicção de que não existem modelos estáveis aos quais referir-se para resolver os problemas do presente" (ROSSI, 2000, p. 63).

Embora o sociólogo alemão Ulrich Beck, autor de *The Risk Society* (de 1996) não tenha tematizado exatamente o problema da catástrofe, sua obra também chamou atenção para os riscos incluídos no modo como as

[44] A esse propósito Rossi (2000, p. 67) escreve: "Nesse terreno, que é o do reconhecimento de um caminho diferente daquele que foi percorrido pelos antigos, perdem sentido tanto o ideal da *imitatio* quanto o da *aemulatio*. A imitação dos antigos nasce com o temor dos homens em comprometer-se com a realidade, é expressão de servidão intelectual. Nela, toma corpo a busca – que é motivada por uma inconfessada necessidade de segurança – de 'um Atlas das meditações que seja capaz de guiar os pensamentos e as flutuações do intelecto e impeça o céu de desabar sobre os homens'. A empresa científica coincide com o abandono dessa busca de segurança, implica a capacidade de olhar o mundo sem mais necessidade de guias". É isso que teria levado à criação de Escolas em todos os lugares, como forma de ampliar o conhecimento e a cultura de todos os povos, algo que se amparava em uma recusa das antigas separações entre os "sábios" ou "conhecedores" e os "comuns" (algo que, afinal, remonta aos movimentos gnósticos, que distinguia entre os iniciados e os incautos) em nome de uma ideia de que todo conhecimento podia ser comunicado e compreendido por qualquer pessoa e toda experiência podia ser repetida. A antiga ideia de "seita" dava lugar ao esforço da ciência, portanto. Nascia assim a grande "batalha em favor de um saber universal" (ROSSI, 2000, p. 84). Como também lembra Rossi, "o lento acumular-se da experiência é a fonte e a garantia do Progresso do gênero humano" e é precisamente isso que deu à ciência a sua "nova imagem" de uma "construção progressiva" (2000, p. 73).

sociedades modernas se constituem e como eles podem contribuir para o colapso do mundo tal como o conhecemos até hoje. Desde então, uma crescente literatura, principalmente em língua francesa, tem discutido o papel da colapsologia e do catastrofismo no campo da ética ou da política ambiental. Larrère e Larrère (2020) listam algumas dessas obras – sem a pretensão de serem exaustivos: "Dmitry Orlov, *Les Cinq Stades de l'effondrement*; Renaud Duterme, *De quoi l'effondrement est-il le nom ?*; Julien Wosnitza, *Pourquoi tout va s'effondrer*; Pablo Servigne, Raphaël Stevens et Gauthier Chapelle, *Une autre fin du monde est possible*; Enzo Lesourt, *Survivre à l'Anthropocène. Par-delà guerre civile et effondrement*; Corinne Morel Darleux, *Plutôt couler en beauté que flotter sans grâce. Réflexions sur l'effondrement*; Luc Semal, *Face à l'effondrement. Militer à l'ombre des catastrophes* (2020). Há obras mais antigas, contudo: "William Vogt (*La Faim du monde*, 1948), Henry Fairfield Osborn (*La Planète au pillage*, 1949) ou Gordon Rattray Taylor (*Le Jugement dernier*, 1970). Pode-se remontar ainda mais longe com *La Fin du monde par la science*, de Eugène Huzar (1855)". A tudo isso soma-se ainda a tradição cristã do apocalipse ou apelo dos profetas bíblicos.

Catastrofismo e colapsologia

Segundo os Larrère (2020, p. 94), "a narrativa do colapso tem a ambição de se opor à narrativa do Progresso e substituí-la", embora tal perspectiva não seria mais do que um aspecto "negativo" instituído em contraste à ideia de um "Progresso indefinido"[45]. Na verdade, como

[45] Nisbet (1985, p. 339), por sua vez, identifica no medo uma espécie de paradoxo, já que é ele que estaria comprometendo o avanço do Progresso e sua superação dependeria de medidas capazes de garantir a sobrevivência humana no planeta, antes que seja tarde: "O medo do homem aumenta constantemente e nosso planeta estará condenado se não detivermos esse processo, se não sustarmos drasticamente a utilização de combustível e de minerais, se não renunciarmos ao poder nuclear, se não estabelecermos grandes áreas de terra e da água como ecossistemas, onde todo tipo de utilização económica ou tecnológica for proibido – e assim por diante. A sociedade humana nunca esteve livre de profecias fúnebres baseadas em algum tipo de crença, mas o que ocorre agora no Ocidente não tem precedentes em gênero ou intensidade. O apelo daquilo a que John Stuart Mill chamava "estado estacionário" aumenta constantemente, aparecendo sob as mais variadas configurações. Quem melhor questionou as virtudes do crescimento econômico e seu impacto sobre a moral, a sociedade e o espírito individual foi E. J. Mishan, um economista muito capaz, que trabalha nessa atividade há mais de um quarto de século. Há uma década atrás, em seu livro *The Costs of Economic Growth*, afirmou que o continuado

demonstram os Larrère, o catastrofismo não passaria de uma narrativa na qual haveria – tanto quanto na narrativa do Progresso indefinido – uma naturalização da história humana, no sentido de que ela estaria, de alguma forma, entregue às suas próprias forças, sem que fosse necessário, inclusive, agir para transformá-la: "o discurso do Progresso espera sempre anunciar um futuro brilhante graças a soluções técnicas e a uma economia resiliente" e, com isso, tudo não passaria de um "processo natural autônomo sobre o qual não temos controle e que nunca deixará de propor soluções". Esse "determinismo sistêmico", também apareceria – embora de modo inverso, no catastrofismo, que acreditaria na catástrofe como um processo natural, sobre o qual a humanidade teria perdido o controle. Nesse ponto, "ambos são discursos de promessa", embora um seja utópico e outro apocalíptico. Como resultado, ambos tornariam vã qualquer atuação política ou ética, já que, sendo parte do próprio sistema-mundo, diante de suas consequências nada poderia ser mudado. Larrère e Larrère citam, a esse respeito, Frederic Jameson, para quem "hoje parece mais fácil imaginar o fim do mundo do que o fim do capitalismo" (2003, p. 67), e isso porque "o fim do mundo é o resultado de processos naturais, enquanto o fim do capitalismo requer reflexão política" (LARRÈRE; LARRÈRE, 2020, p. 105). É isso que tornaria a posição dos colapsólogos tão paradoxal, dando margem para a crítica que acusa seus arautos de conduzirem a um *imobilismo*: de um lado eles

esforço para alcançar e acelerar qualquer tipo de crescimento econômico apoiado como deve se apoiar em inovações tecnológicas terá prováveis efeitos negativos e destruidores sobre todo o meio ambiente físico, a ponto de reduzir a qualidade da vida humana." O Progresso, nesse caso, deveria impor a causa da esperança sobre a causa do medo, a fim de trazer estabilidade e garantir o avanço (principalmente econômico) da humanidade. Citando o livro de Talbot Page, *Conservation and Economic Efficiency*, Nisbet elenca ainda o medo da catástrofe ambiental como um dos empecilhos do Progresso: "o livro de Page pode sabotar nossa confiança nos modelos do futuro consumo – tão caros aos econometristas – que pretendem prever a relação entre os consumidores individuais, o nível de vida, os preconceitos éticos e os recursos naturais" (NISBET, 1985, p. 342). Nesse caso, o próprio Nisbet é exemplo de como a crença no Progresso funciona e cega. Isso pode ser facilmente atestado por sua posição (equivocada) sobre a questão ambiental: "que nos seja permitido presumir por alguns momentos que todos os prognósticos pessimistas em relação a recursos naturais e a meio ambiente irão se revelar, durante o resto do século, sem qualquer base. Mais uma vez estamos lidando não com a realidade, mas com percepções da realidade" (1985, p. 342). Para ele, tal erro não seria outra coisa do que uma invenção de intelectuais ociosos: "Possivelmente, pela primeira vez em mais de dois mil anos, suficientes intelectuais estão convencidos da falta de esperança em relação ao problema dos recursos população-consumidor, transmitindo a um número ainda maior de pessoas a futilidade da esperança do Progresso humano".

sentem a tristeza de ver o mundo da vida degenerando-se; de outro, eles celebram alegremente o colapso do mundo termo-industrial e de suas toxidades. "Não há nada de incompatível em viver um apocalipse e um *colapso feliz* [*happy colapse*]" escreveram Servigne e Stevens (2018, p. 281). Assim, "o que diferencia o futuro brilhante de uns e o colapso feliz de outros é que o discurso do Progresso está aberto para um futuro ilimitado, enquanto que a narrativa colapsológica está fechada sob [a ideia de] um colapso inevitável" (LARRÈRE; LARRÈRE, 2020, p. 98). A questão agora não seria, portanto, como evitar a catástrofe, mas como se adaptar ao colapso contínuo e certo que está por vir – e de alguma forma já está em andamento.

Ora, tal narrativa, por carecer de base científica (já que apoiada na teoria dos sistemas, que deixa aberta qualquer possibilidade para o futuro – o que incluiria possíveis reorganizações em vista da proteção da vida), acaba por optar por um discurso ficcional, baseado na imaginação como forma de dar conteúdo a um "conhecimento um tanto abstrato" (LARRÈRE; LARRÈRE, 2020, p. 98), mas que acaba adquirindo grande importância na medida em que, segundo seus adeptos, podem reforçar a ideia de que é preciso se acostumar ao colapso e se preparar para viver nele (mais do que lutar para evitá-lo, como já vimos): "a questão, dizem [os colapsistas], é como se preparar para os choques e privações que acompanharão a catástrofe, e como as pessoas aprenderão a 'viver com isso'" (LARRÈRE; LARRÈRE, 2020, p. 99). Servigne, Stevens e Chapelle apresentam como objetivo de sua obra precisamente "preparar-se para viver com as consequências das catástrofes atuais e futuras, buscando como prioridade os vínculos entre humanos e os não-humanos" (2018, p. 24). Trata-se, portanto, de encontrar um meio de viver com "alegria, partilha e fraternidade" no meio do caos trazido pela catástrofe e não, como seria desejável, lutar para evitá-la. Dado que o mundo exterior está em colapso, a única saída parece ser um retorno à interioridade, às redes afetivas. É aí que se construiriam as condições para viver no tempo da catástrofe, cujas alternativas incluiriam a criação de ecovilas, vilas de transição, economias alternativas, agroecologia, comunidades veganas, grupos ecofeministas ou queer, e outras iniciativas inspiradas, por exemplo, no municipalismo libertário de Murray Bookchin. Seria preciso, afinal, como ironizam Larrère e Larrère, passar de colapsólogos a colapsonautas. Isso, contudo, seria apenas um sinal de despolitização do próprio movimento Larrère: "a colapsologia é radical, é claro, mas é uma radicalidade não política, que privilegia o interno em detrimento do externo, esvaziando [tais] experiências de qualquer conteúdo político" (2020, p. 126).

A estratégia, assim, seria se desprender do fatalismo que está incluído no catastrofismo por meio da abertura dos ângulos do futuro às diferes possibilidades que nele estão contidas – para além do determinismo monocromático de um mundo que caminha irremediavelmente para a catástrofe e contra a qual nada poderia ser feito a não ser se preparar para viver nela. Se, de um lado, não podemos simplesmente acreditar que o Progresso tecnológico haverá de encontrar a solução para as feridas que ele mesmo criou (technofix); de outro, não é possível anular todas as perspectivas em nome da catástrofe como única chance para a humanidade. Entre essas duas alternativas, encontram-se aqueles que, como Jonas, estão engajados na possibilidade de pensar alternativas a partir da convicção de que o futuro está aberto e que é possível ainda mobilizar elementos éticos, políticos e, mesmo, tecnológicos, para orientar esse futuro em benefício da vida:

> Eles podem facilmente aceitar o que os colapsistas dizem sobre a gravidade da situação e a impotência da política internacional e dos Estados para lidar com ela. Porque eles também estão convencidos de que não se trata de embarcar numa corrida tecnológica precipitada, nem de limitar ao máximo as intervenções técnicas, mas que é necessário inventar outras formas de intervenção na natureza, eles não se opõem, ao contrário dos colapsistas, em princípio, às inovações técnicas. Naturalmente, estes não são exatamente os mesmos modelos que os apresentados pelas promessas tecnológicas dominantes. Eles promovem ou experimentam inovações que combinam imaginação técnica com imaginação social e política, em campos tão diversos como economia de energia (edifícios e transportes), energias renováveis e agricultura alternativa (agricultura orgânica, agricultura "verde" etc.). Eles também estão preocupados com a segurança e a saúde de seus concidadãos. Finalmente, a partir de uma preocupação coletiva com a segurança e a saúde de seus concidadãos, estes defensores de um futuro aberto também não hesitam em apontar as inadequações das medidas de gerenciamento de risco e exigir (às vezes, obter) disposições mais protetoras. (LARRÈRE; LARRÈRE, 2020, p. 110)

A verdade é que *o fim do mundo é sempre o fim de um mundo, pois mundo é sempre algo plural.* Os colapsistas, ao contrário, estariam fechados a tudo isso, porque não acreditam mais na possibilidade de que o Estado ou a tecnologia possam contornar a situação. Mesmo "os regimes democráticos, construídos sobre as promessas da sociedade da abundância, veem reduzidas as suas margens de manobra" (LARRÈRE; LARRÈRE, 2020, p. 110). Por isso, eles simplesmente atualizariam o lema de Margaret Thatcher: "*There Is No Alternative*" (TINA) para expressar uma "certeza de impotência" ou mesmo um "obscuro desejo de inércia" (DELFOUR, 2014, p. 204). E essa seria, segundo Larrère e Larrère, "uma das principais razões do sucesso da colapsologia": "sua inocuidade política" (2020, p. 110). Por isso, "para escapar da estupefação que pode ser causada pelo pavor do colapso, precisamos recuperar a confiança em nossa capacidade de agir", afirmam – com razão – os Larrère (2020, p. 110).

O pior é possível – e deve ser evitado

Larrère e Larrère diferenciam dois tipos de catastrofismo. Segundo eles, "de um catastrofismo metodológico (assumindo a catástrofe para evitá-la), que era o que conhecíamos, passamos a um catastrofismo ontológico: a catástrofe, ou melhor, o colapso, é certo, comprovado pela ciência" (2020, p. 14). Essa distinção aparece como central para pensarmos o que os autores propõem já no subtítulo de seu livro: *o pior não é certo*, porque, afinal, é preciso reconhecer que "as possibilidades permanecem abertas" para que seja possível alterar o futuro sem recair em um imobilismo generalizado. Só assim seria possível pensar em algum papel para a ética e a política, aos moldes do que propões Hans Jonas que, nesse caso, como veremos, não é nem um tecnofóbico nem um tecnólatra: sua perspectiva acentua a possibilidade de pensar a pedagogia da catástrofe na forma de um *profetismo* cuja estratégia é denunciar o risco do pior, imaginá-lo como possível e, diante disso, agir para evitá-lo. É como heurística, portanto, que a catástrofe aparece na obra de Jonas e seu objetivo é evitar o imobilismo e o fatalismo, em nome da convocação à responsabilidade.

É precisamente essa a posição dos Larrère, que identificam em Jonas um catastrofismo metodológico, ao qual se associa Jean-Pierre Dupuy com seu *Pour un catastrophisme éclairé: quand l'impossible est certain* (2002)[46]: "Assim como Hans Jonas, Jean-Pierre Dupuy 'profetiza' a catástrofe a fim de convencer as pessoas de que tudo deve ser feito para evitá-la, enquanto os colapsólogos [*collapsologues*] consideram que tal esperança é vã e preferem a 'negação'" e, por isso, "do catastrofismo esclarecido de Dupuy, pode-se dizer que é metodológico: é uma suposição que se deve fazer para construir um plano de ação que permita evitar a catástrofe. Do colapso de Yves Cochet ou de Pablo Servigne, podemos dizer que é ontológico: a catástrofe é real, está inscrita na realidade. É por isso que podemos falar de 'colapsologia': existe, para eles, uma ciência de colapso". (2020, p. 73)

Dupuy – seguindo Jonas – teria passado de uma "pedagogia da catástrofe" (a indicação do perigo com a finalidade de chamar a atenção da sociedade – especialmente dos políticos e dos tomadores de decisões), para um "catastrofismo como filosofia política" que, no caso de Jonas, se evidencia pela importância do conceito de "heurística do temor" (PR, 71) na sua teoria da responsabilidade. Nesse sentido, o uso pedagógico da catástrofe distancia tanto Jonas quanto o próprio Dupuy das teorias contemporâneas, como aquelas de Yves Cochet ou de Pablo Servigne, analisadas pelo casal Larrère ao longo de sua obra. Jean-Pierre Dupuy, como um discípulo de Hans Jonas, trata a catástrofe como "uma revelação dos limites da nossa racionalidade e dos nossos conhecimentos científicos: temos de reconhecer a nossa ignorância" (2020, p. 23) e isso significa deixar aberta a possibilidade de que algo de surpreendente aconteça, independente da tendência negativa dos fatos. O certo é que não temos, diante de tal magnitude de problemas, nenhuma ciência capaz de estabelecer exatamente o que pode acontecer ou mesmo de orientar exatamente o rumo dos acontecimentos no sentido de desenhar o futuro (ao contrário do que os longotermistas propõem, por exemplo). E isso é ainda mais evidente quando levamos em conta que a base científica sobre a qual a colapsologia, no geral, se apoia, são as teorias da complexidade que, como sabemos, reconhecem a legitimidade teórica das incertezas como parte de seus procedimentos.

[46] Tradução para português como *O tempo das catástrofes: quando o impossível é uma certeza* (2011).

Hans Jonas se esforça por mostrar que, como pedagogia, a catástrofe se torna um assunto ético de grande relevância na medida em que o simples risco de que ela venha a acontecer já nos obriga ao engajamento na tarefa de evitá-la. Nesse sentido, se não o fizermos (podendo fazê-lo), "a culpa moral será imensa": "existe, portanto, um dever moral de evitar a catástrofe", devido ao excesso de riscos contidos nas suas consequências, mesmo que ela, em si mesma, não seja certa" (LARRÈRE; LARRÈRE, 2020, p. 76). Jonas identifica, nesse sentido, dois "elementos constitutivos do catastrofismo", que são também retomados por Ulrick Beck: "a importância das consequências não intencionais da ação e a globalização dos riscos a nível planetário". Esses dois elementos tornam o risco e as consequências da catástrofe de tal gravidade que não estamos, do ponto de vista ético e político, autorizados a apostar, dada a magnitude do que está em jogo, mesmo lá onde a tecnologia (ainda) não revelou sua face mais nefasta. Para Jonas, por isso, o perigo da tecnologia não seria tanto o seu fracasso, mas o seu êxito, precisamente porque ele obnubila a visão dos riscos que estão, mesmo involuntariamente, incluídos na ação técnica, dada a sua ambivalência. É isso, precisamente, que passa a exigir uma "futurologia comparativa" (PR, 71), uma espécie de ciência do futuro cuja base primeira é a consideração da ignorância em relação à magnitude dos fatos e, depois, o esforço por reunir o maior número possível de informações cientificamente amparadas para *imaginar* o futuro, dando preferência para o prognóstico negativo como estratégia pedagógica para combater a embriaguez da tecnologia que, apoiando-se na utopia do Progresso, dá preferência para o prognóstico positivo a fim de legitimar os seus próprios procedimentos. Essa é, portanto, uma responsabilidade prospectiva – e não apenas retrospectiva.

É o que propõe explicitamente Hans Jonas ao reabilitar metodologicamente o catastrofismo: usar a profecia do pior para evitar que ele venha a se realizar. E isso impede que, mais tarde, os alarmistas sejam escarnecidos, dado que suas profecias não se realizaram: antes, eles deviam ser aplaudidos, na medida em que suas projeções contribuíram para que o pior fosse evitado. Seu mérito está em seu fracasso. Essa postura, como se nota, é contrária àquela dos colapsólogos que consideram que "o colapso é inevitável e que tudo o que resta é preparar-se e adaptar-se a ele" (LARRÈRE; LARRÈRE, 2020, p. 65), algo que conduziria a um imobilismo, como vimos. Com Jonas, a catástrofe precisa ser tematizada para que seja politicamente enfrentada. A noção dos riscos deve levar, portanto, ao engajamento na tarefa de evitá-los.

Grande aceleração e Antropoceno

L'Homme a mangé la Terre é o título de um filme inspirado no livro de Christophe Bonneuil et Jean-Baptiste Fressoz, *L'Événement Anthropocène* (2013), no qual os autores afirmam que o mundo contemporâneo não vive uma crise ambiental, mas uma revolução geológica produzida pela humanidade. O filme, de 2019, realizado por Jean-Robert Viallet, mostra como o Antropoceno pode ser considerado o ponto de não-retorno para a espécie humana diante de tão radicais e decisivas mudanças provocadas pela humanidade no Planeta Terra. Compreender melhor esse processo seria uma forma, afinal, de resistir às ilusões da promessa do Progresso e mesmo àquelas que tentam nos convencer de que "tudo vai bem" e que a própria crise, caso exista, pode ser facilmente resolvida pela ciência e pela tecnologia por meio do crescimento infinito. Nesse caso, continuar crescendo e progredindo seria a única solução para a crise trazida pelo novo cenário do Antropoceno/Capitaloceno.

Fato é que a nossa época é marcada pelo avanço dos riscos e pela evidência das catástrofes, sejam aquelas que assolam as populações (especialmente as mais pobres) como parte de sua realidade cotidiana, sejam aquelas que as ameaçam no futuro. Essa situação está ligada ao avanço do ideal do Progresso, que tem provocado o que se chama de "grande aceleração" iniciada em 1945, cujo resultado é a mudança da era geológica do planeta, o Antropoceno, termo utilizado para descrever "o crescimento exponencial da população mundial, da produção industrial e agrícola e, portanto, do consumo de energia, resultando num aumento espetacular de todos os indicadores socioeconómicos (PIB global, investimento estrangeiro, consumo de água, turismo internacional), cujas curvas evolutivas marcam uma inflexão ascendente do 'bastão de hóquei" (LARRÈRE; LARRÈRE, 2020, p. 39), ou seja, dos gráficos que medem a variação das temperaturas ao longo dos últimos mil anos no planeta e que mostram um aumento acentuado desde 1900.

O aquecimento global, portanto, tem aproximado diariamente inúmeras populações das catástrofes climáticas e ele é o sintoma da crise do modelo de crescimento baseado na ilusão de Progresso – uma ilusão que, sendo ilusão, contribui diretamente para o obnubilamento, a ignorância e o negacionismo dos fatos e suas evidências, seja por importantes parcelas da sociedade, seja pelos políticos.

Assim, conforme acentuam os Larrère, "longe de abrir a possibilidade de controle global do planeta através de tecnologias apropriadas, o Antropoceno marca o fim desta ambição: o sistema global do planeta está fora do nosso controle, estamos caminhando para o desastre" (2020, p. 45). Eis a questão: o que fazer diante de tão complexo problema? Render-se ao determinismo da catástrofe ou atuar para evitá-la? A posição dos colapsólogos é, no geral, a primeira: se o Antropoceno é a era dos desastres, ele deverá provocar tanto o colapso da ideia de Progresso (o fim do crescimento) quanto a crise brutal no sistema global. Nesse caso, a própria tese do decrescimento poderia ser apenas uma forma de fatalismo, segundo o qual, diante da catástrofe inevitável, seria necessário reverter qualquer avanço civilizatório para adiar ao máximo o fim inevitável. Jonas, nesse caso, oferece uma alternativa, dado que o futuro ainda está aberto e o *pior não é certo* e, mais ainda, que temos a obrigação moral de evitá-lo a todo custo, assumindo a nossa responsabilidade. Assim, ao falar em freios voluntários ou em "Progresso com precaução", Jonas quer fugir as extremidades e reorientar o Progresso, retirando-lhe do campo da ilusão. Um *Progresso esclarecido*, talvez? Fato é que, ao recusar o catastrofismo ontológico, Jonas acaba por recusar também a ideia de que o Antropoceno está associada em definitivo ao advento do *mal radical*, que não é outra coisa que o colapso ecológico.

Se essa é a era do Antropoceno, é também a era da *transição*, um conceito que vem ganhando importância cada vez maior quando se trata de pensar as alternativas para o enfrentamento da questão ambiental. Do ponto de vista institucional, por exemplo, no caso da França, tal conceito foi institucionalizado na medida em que, em 2015, começou-se a falar de uma "transição energética e crescimento verde" a ser coordenada por um *Ministério da Transição Ecológica e Solidária*, criado em 2017 em substituição a um antigo *Ministério do Ambiente* (que remonta a 1971) ou ao *Ministério da Ecologia e do Desenvolvimento Sustentável*, de 2000. A ideia de *transição* faz referência, precisamente, à responsabilidade de encontrar um caminho para o enfrentamento dos limites naturais impostos pela antiga visão de que um Progresso ilimitado seria possível indefinidamente. Essa é a verdade que o *Antropoceno* colocou em xeque, na medida em que os indicadores da crise vêm se agravando exponencialmente nos últimos anos: "Já em 2004, o Programa Internacional Geosfera-Biosfera (IGPB) estabeleceu uma série de indicadores socioeconômicos (tais como população mundial, população urbana, consumo de energia, consumo de fertilizantes, consumo de água e PIB global) e indicadores ecológicos (tais como concentrações atmosféricas de gases com efeito de estufa [CO2, N2O, CH4], acidez dos oceanos e a diminuição da área das florestas tropicais). O seu antigo diretor, Will Steffen, e os seus colegas, produziram um conjunto de curvas em 2015 mostrando a evolução atualizada destes indicadores ao longo dos anos. Desde os anos 50, todas estas curvas têm crescido exponencialmente!" (LARRÈRE; LARRÈRE, 2020, p. 67). Essa e outras pesquisas têm constatado o mesmo: o processo atual do Progresso é duplamente catastrófico, na medida em que não apenas a catástrofe está aí, visível a olho nu, quanto ela vem se acelerando dia após dia perante a ineficácia das medidas tomadas, em termos globais, pela humanidade. Dessa forma, sendo a era da catástrofe, o Antropoceno é, primeiro, a era dos limites.

Esse é, paradoxalmente, o cenário que dá mais energia às teses colapsistas: note-se como, por exemplo, para explicar o colapso Pablo Servigne e Raphaël Stevens apresentaram o seguinte argumento: "Hoje, temos a certeza de quatro coisas: 1) o crescimento físico das nossas sociedades irá parar num futuro próximo; 2) alteramos irreversivelmente todo o sistema terrestre (pelo menos na escala geológica dos humanos); 3) estamos a caminhar para um futuro muito instável, 'não linear', em que as perturbações em grande escala (internas e externas) serão a norma, e 4) podemos agora estar potencialmente sujeitos a colapsos sistémicos globais." (*apud* LARRÈRE; LARRÈRE, 2020, p. 71). Esse é o processo que nos leva da identificação dos limites à ineficácia da ação humana em respeitá-los (dado que ela continua refém da crença na ilusão do Progresso que é, nada mais, nada menos, do que uma crença no crescimento e na exploração ilimitada dos recursos naturais); e da ineficácia das ações, ao acirramento da crise e à proximidade da catástrofe.

Heurística do temor[47]

O conceito utilizado por Jonas para pensar a catástrofe do ponto de vista de sua função ética é a heurística do temor. A esse propósito, Nathalie Frogneux (2007, p. 187) apela a Aristóteles para definir a função do medo em Jonas como uma "virtude de substituição" para expressar a correta ideia de que "Jonas não fala do medo como virtude, mas 'como o melhor substituto da virtude e da verdadeira sabedoria'" (2007, p. 188). A vantagem do medo seria, assim, a saída da mera ignorância do perigo e da atitude imprudente, mobilizando a ação em vista da recusa daquilo que é previsto heuristicamente. Frogneux assinala o detalhe que escapa àqueles que veem nessa tese uma tecnofobia aberta: que o medo "não é, porém, o todo da ética" e que "Jonas insiste nisso: ele não preconiza nem o medo por si só, nem um 'princípio de temor', mas lembra da dimensão heurística que permite mobilizar o 'princípio responsabilidade'" (2007, p. 188). Essa ideia foi notada também por Marijane Lisboa no seu texto sobre o *Medo*, no *Vocabulário Hans Jonas* (2019, p. 181).

Isso significa que o acento principal do conceito de "heurística do temor" não deveria ser sobre o *temor/medo*, mas precisamente sobre a *heurística*, ou seja, sobre sua função estratégica. É aí que reside a questão central da ética proposta por Jonas e é a partir dela que podemos avaliar a sua pertinência teórica e eficácia prática. Longe de evitar e manter algum tipo de aversão ou hostilidade ao desenvolvimento tecnológico, como eticista, Jonas pretende considerar os riscos que os novos poderes carregam e os danos que vêm causando ao todo da vida sobre o Planeta, a ponto de colocar em xeque a própria existência da humanidade no futuro. Se a questão, conforme levantada por Lebrun, é saber quem pode ou deve, detectado o perigo, impor freios à ação tecnológica e qual a legitimidade dessa ação, isso não deve ser impetrado meramente por uma força exterior à tecnologia, mas como uma responsabilidade

[47] Utilizo a seguir dois trechos do artigo "Para uma *ethical turn* da tecnologia: por que Hans Jonas não é um tecnofóbico" (OLIVEIRA, 2023). Agradeço aos editores da TRANS/FORM/AÇÃO: Revista de Filosofia, a permissão para publicação.

que lhe é própria. É essa precisamente a lição daquela ética: o que ela propõe é uma *virada ética*, uma reorientação da ação tecnológica em vista do bem comum, o que, cada vez mais, é a garantia da continuidade da vida humana e extra-humana.

Por fim, vale lembrar que a posição de Jonas está amparada em uma avaliação da técnica como uma "vocação humana", algo que, em última instância, parte de uma análise ontológica e fenomenológica do evento técnico, cujas raízes remontam à pré-história humana, quando foi necessário a esse, "o mais frágil e perecível dos seres" (para lembrar de Nietzsche), desenvolver uma forma de relação com o mundo ao redor e, para isso, contou com o apoio de instrumentos capazes de ampliar suas capacidades e potencializar suas *performances*. Nessa medida, não faria nenhum sentido temer aquilo que serviu de condição para a existência humana até aqui. Antes disso – mais uma vez – seria preciso que esse poder fosse orientado eticamente.

A virtude da previsão

Como parte de sua reflexão sobre a heurística do temor que se utiliza pedagogicamente da catástrofe, Hans Jonas trata a capacidade de previsão das consequências dos atos tecnológicos como a virtude mais urgente de nosso tempo. Para ele, para prever o futuro, seria necessário reunir informações de todas as áreas da ciência, contar com apoio de todos os campos da tecnologia, seus instrumentos, processos e poderes, o uso de teorias de probabilidade, técnicas de avaliação de parâmetros, análise recursiva de eventos, implementação de algoritmos, análise de múltiplos paradigmas e outras estratégias que necessitam amplamente da inteligência artificial, de novos sistemas produtivos, de novos materiais e outras formas de uso, desenvolvidas de forma inter e transdisciplinar. Assim, bem amparados, inclusive contando com certa criatividade que Jonas associou à ficção científica, seria possível imaginar o futuro.

Embora seja quase sempre difícil definir com precisão o que seria o bem desejável, fato é que a utopia tem o poder de confirmar as ações do presente, das quais brotam as consequências futuras e, além disso, dado que ela está amparada em uma esperança futura, sempre desenha positivamente o futuro[48]. Em outras palavras, se imagino o futuro como algo sempre bom, isso quer dizer que as ações do presente não precisam de avaliação ética, dado que, por si mesmas, conduziriam o ser humano para uma situação utopicamente desejável. A utopia confirma a ação do presente e anula a necessidade da ética, portanto. Jonas recusa essa ingênua posição, bastante comum entre os agentes tecnológicos. Para o filósofo judeu-alemão, dada a grandiosidade do perigo trazido pelos novos poderes da tecnologia, seria eticamente mais adequado dar preferência para o prognóstico negativo, ou seja, imaginar o mais adequadamente possível o mal que pode brotar, no futuro, das ações do presente. Uma tal imaginação, colocaria em xeque precisamente o bem desejado, por meio de um mal imaginado, o qual deveria conduzir a uma modificação das ações do homem no presente, antes de sua execução, com vistas a evitar o mal imaginado. Mais uma vez, não é de tecnofobia que estamos falando, ou seja, Jonas não está anunciando um medo da técnica; bem ao contrário, conta com o seu poder para, agora, desenhar o futuro sob o ponto de vista do que deve ser evitado. Caberia a ela, por isso, com a heurística do temor, eliminar a esperança ingênua presente na utopia do Progresso técnico, em vista de um olhar mais realista daquilo que ela mesma pode produzir. Porque deve evitar o mal, o temor poderia ser um instrumento dessa que é uma ética da emergência, escrita já com um pé na catástrofe que, desde aqueles anos 1970, vêm dando evidências da sua gravidade. O problema, nesse caso, é o que fazer com a técnica, a fim de reposicioná-la eticamente, e não necessariamente um mero convite para certo regresso ao mundo das cavernas.

O temor, assim, não tem a palavra final no campo da ética, mas é apenas uma estratégia heurística, ou seja, um procedimento cujo objetivo é fazer com que a imaginação cientificamente amparada das consequências negativas possa mobilizar o sentimento de responsabilidade e impedir a ação causadora. Essa noção retira a responsabilidade do âmbito do *ex post pacto*, ou seja, da mera *imputabilidade* da ação e a eleva à ideia de *previsibilidade*, cujo horizonte é o futuro, o não feito, o que não pode ou não deve ser realizado. Ou seja, para Jonas, a projeção do mal

[48] Lembre-se que *O princípio responsabilidade* dedica várias análises para contrapor a responsabilidade (e com ela, o temor) à esperança, tal como desenvolvida por Ernest Bloch. Sobre esse tema *cf.* ZAFRANI, 2014.

possível implica uma nova forma de consideração ética que, no geral, deve conduzir à modéstia: o "apelo a fins modestos" diante dos possíveis (já previstos ou prováveis) efeitos danosos da utopia tecnológica, deve inspirar o uso dos poderes.

Note-se, com isso, que Jonas critica não a tecnologia em si mesma, mas a sua reivindicação de liberdade absoluta diante da ética. Tal questão é desenvolvida de maneira mais detida no capítulo 5 de *Technik, Medizin und Ethik* (1985) cujo título é precisamente *A liberdade da pesquisa e o bem público*, ou seja, em que medida a pesquisa tem em vista o bem da sociedade. Nesse texto, o que se questiona é o direito à liberdade como um "direito [que] parece ser incondicionado, quer dizer, não limitado pelo possível conflito com outros direitos" (TME, 101), ou seja, com os interesses, por exemplo, da sociedade como um todo ou das demais formas de vida ou mesmo das gerações do futuro. Ao reivindicar a liberdade absoluta e ilimitada, a tecnologia mal tenta encobrir os distintos interesses que a mobilizam, e que incluem *feedback* intelectual daqueles que usufruem de suas possibilidades de aplicação (geralmente entusiasmados aprovadores de qualquer iniciativa que traga algum benefício); o potencial aplicativo que passa a orientar as suas ações; os financiamentos externos, seja na forma de dinheiro público seja de patrocínios que esperam por compensações posteriores. Dessa feita, a pretensa liberdade reivindicada esconde interesses que nem sempre estão de acordo com o bem público que deveria orientar a sua ação.

Para Jonas a tecnologia, aliada à ciência e nela apoiada, deveria garantir os critérios de veracidade e responsabilidade, como normas internas e próprias dessa atividade. Isso para que "a ciência", afinal, e a própria tecnologia, pudessem se constituir como "uma ilha moral" (TME, 103). No fim, "já não é uma questão de boa ou má ciência, mas de bons ou maus efeitos da ciência" (TME, 105) – e é precisamente sob esse viés que o Progresso deveria ser avaliado eticamente. Esses argumentos fazem ainda mais sentido quanto temos em conta campos tão distintos como aqueles da biologia nuclear, da biologia sintética ou da edição genética, onde a problemática da liberdade da pesquisa se apresenta de forma mais evidente e urgente, dado que estaríamos diante de exemplos claros e inquietantes (TME, 112), nos quais realidades novas podem se emancipar de seu criador, deixando para trás perguntas não respondidas sobre o que fazer em caso de insucesso dos experimentos. Em outras palavras, como se trata de um poder inédito na história humana, os novos poderes exigem uma ética nova, capaz de alcançar os desafios que advêm desses novos poderes, não para impedi-los, mas para ajudá-los a fazer melhor o que se propõem.

Bem lida, portanto, essa tarefa não carrega nenhum elemento tecnofóbico, muito pelo contrário, pretende refletir sobre o estabelecimento de regras capazes de conduzir o avanço técnico para o que realmente importa: o bem comum. Dado que é esse o fim de toda a ação ética e, principalmente, da política, o seu abandono não poderia ser feito sem que também fossem abandonadas as cláusulas pétreas da civilização. Dessa forma, a reivindicação de liberdade ilimitada, não seria mais do que uma forma de negação da ética e da política e um completo desligamento da atividade tecnológica de seu dever público.

5

Contra a ilusão do progresso

Por ocasião da Conferência das Nações Unidas no Rio de Janeiro, em 1992, Hans Jonas foi convidado pelo jornal alemão *Der Spiegel* para uma entrevista com Mathias Matussek e Wolfgang Kaden. Publicada no dia 11 de maio de 1992, às vésperas do início do importante evento que discutia a relação entre meio ambiente e desenvolvimento, a entrevista foi recebida por muitos leitores com bastante entusiasmo e preocupação, o que pode ser exemplificado por uma carta enviada por um leitor ao jornal: "esta contribuição deve ser objeto de uma impressão separada distribuída em milhões de cópias em todas as caixas de correio alemãs, e sua leitura deve ser obrigatória para todos os alunos"[49]. Mais de dez anos depois da publicação de *Das Prinzip Verantwortung*, Jonas se mostrava bastante desanimado com o agravamento da crise ambiental e a incapacidade humana de alterar a ordem das coisas, embora a consciência geral sobre o problema ambiental tenha aumentado: "no comércio efetivo do homem com a natureza nada mudou [desde 1979] embora, pelo menos, a consciência humana [sobre o problema] tenha evoluído desde então", declara Jonas, acrescentando: "até agora, nada aconteceu que mudasse o rumo das coisas e, dado que esta situação está provocando uma acumulação de catástrofes, estamos hoje ainda mais perto

[49] Conforme relato de Wolfgang Schneider na sua *Remarque préliminaire* para a edição em separado da entrevista publicada como *Dem bösen Ende näher* (Berlin: Suhrkamp Verlag, 2017) e traduzida para francês na coletânea *Une éthique pour la nature* (2017).

do desfecho fatal do que há dez anos" (PF[50], 31). Enquanto o mundo se reunia no Brasil para discutir o problema, Jonas chamava atenção para a urgência de implementação de medidas políticas planetárias capazes de desviar o rumo inexorável da catástrofe patrocinada pela ilusão do Progresso que, segundo ele, continua fornecendo a energia civilizatória e fomentando seus pressupostos predatórios. O Progresso, para ele, não é apenas o responsável pelas grandes catástrofes (Chernobyl, por exemplo), mas pelas inúmeras catástrofes "imperceptíveis" que formam a maior delas, a mais irreparável e a mais nefasta de todas: a crise ambiental que coloca em risco a própria vida humana. Ao tempo em que recusa o fatalismo, contudo, sua filosofia apela para a responsabilidade das gerações do presente em relação ao futuro.

Para Jonas, o problema é que o discernimento sobre o problema não tem sido suficiente para desviar a rota rumo à catástrofe porque "a humanidade não consegue se libertar dos constrangimentos reais a que se expôs, face ao ataque tecnológico que tem perpetrado contra a natureza", de tal forma que "a exploração abusiva da natureza pelos homens, e em particular pelos da sociedade industrial ocidental, degenerou em hábitos de vida [incompatíveis com a continuidade da vida sobre o planeta]" (PF, 32). Dado que se trata de uma "ameaça indireta" então o ser humano tem agido também de forma "indireta", sem mudar o seu estilo de vida com a urgência necessária. E é precisamente esse o problema do Progresso: ele patrocinou historicamente um estilo de vida que, dado o crescimento populacional, não é mais compatível com os limites da natureza. Perguntado sobre se ele vislumbrava alguma possibilidade de mudança nesse estilo de vida, Jonas responde apelando para o que se chama de "pedagogia da catástrofe":

> É possível, mas dificilmente provável. É muito mais provável, no entanto, que a angústia cuide disso. Sintomas alarmantes visíveis e tangíveis para todos anunciam que a ruína está muito próxima, ou seja, é muito mais provável que o medo consiga o que a razão não conseguiu e que alcance o que a razão não alcançou. Paradoxalmente, a esperança para mim reside na educação através

[50] Utilizaremos nesse trabalho a sigla PF para *Mais próximos de um desfecho fatal*, seguido da página da edição francesa do livro.

> de desastres. Tais infortúnios ainda podem ter uma influência salutar no devido tempo. (PF, 39).

Esse também é o tom da parte final do discurso de Jonas na ocasião da entrega do Prêmio da Paz dos livreiros alemães, em 1987, apelando mais uma vez à função pedagógica do medo:

> Na medida em que se trata também de uma questão de psicologia, tendo em conta os elementos da vontade que entram em jogo, e não apenas uma mera possibilidade, a indispensável boa vontade pode encontrar um reforço muito involuntário do lado das próprias coisas. Refiro-me ao choque efetivo e repetido de desastres de pequena escala que provavelmente nos inspirarão o medo necessário diante de grandes desastres resultantes da devassidão tecnológica e que ameaçam nosso futuro. Chernobyl e a morte das florestas tiveram mais impacto para a maioria de nós do que quaisquer previsões que, embora perspicazes, eram abstratas. Passaremos por outros desastres desse tipo, e ainda mais alarmantes. Reconhecidamente, não é lisonjeiro para o homem precisar disso, mas vejo nisso, de minha parte, um componente de minha esperança moderada. (TL[51], 190).

Um dos conceitos mais centrais da proposta ética de Hans Jonas (e um dos mais polêmicos) está ligado ao conceito de heurística do temor, como já vimos.

Essa noção também se desdobra politicamente no risco de uma "ditadura ambiental", que exigisse da humanidade ceder um dos seus bens mais valiosos, a liberdade, em nome da própria sobrevivência da espécie. Em seu discurso, Jonas esclarece a sua posição: "Certa vez, mencionei neste contexto o 'espectro ameaçador da tirania', uma observação que, em vez de ser interpretada como uma advertência de minha parte, foi interpretada em termos de recomendação, ou seja, de fato, como se eu estivesse defendendo a ideia de uma ditadura necessária para dominar nossos problemas. Na verdade, eu queria dizer que em situações extremas não há lugar para os complexos processos de decisão da democracia, e é por isso que devemos garantir que tal situação não possa se produzir" (TL, 186). Ao contrário da liberdade ontológica,

---

[51] *Técnica, liberdade e dever* é o título do discurso de agradecimento pela concessão do Prêmio da Paz outorgado pelo mundo editorial alemão a Hans Jonas, em 1987.

que é constituinte do ser humano, a liberdade política pode desaparecer e sua ameaça se situa, hoje, no âmbito da crise ambiental e dos imensos sacrifícios que ela começa a exigir da humanidade. Para Jonas, as democracias contemporâneas têm dificuldade de enfrentar o problema ambiental precisamente porque se deixam controlar pelo horizonte do imediato e pelos interesses do Progresso[52]: "A questão de uma ética da responsabilidade pelo futuro está, infelizmente, muito intimamente ligada à questão das técnicas de poder, à questão de saber quem realmente vai decidir o que vai ser feito ou o que vai ser negligenciado. A negligência é, em todo caso, um fator muito decisivo, porque não é tanto o que fazemos, mas o que renunciamos que é mais urgente" (PM[53], 167).

A questão está na obrigação da política em combater a "fascinação pelo Progresso industrial e técnico" (PM, 166) e a "liberdade ilimitada" reivindicada por uma parcela da humanidade, cujo custo é o risco imposto à outra parte (que é absolutamente maior) e a todos os demais seres vivos. Se a política é a arte do bem comum, então é preciso que ela assuma a responsabilidade nesse dilema. Uma das formas, por exemplo, apontadas por Jonas, são os decretos que restringem o Progresso técnico: "estes decretos viriam a restringir os desenvolvimentos técnicos através da adoção de uma decisão legislativa específica sobre os mesmos, o que seria completado por moratórias mais longas, pela intervenção de comissões de peritos e outros." (TL, 189). Seria preciso, assim, garantir a proteção dos indivíduos por meio de um direito constitucional no qual apareceriam também as "obrigações fundamentais da comunidade como um todo em relação ao futuro" (TL, 189) e isso incluiria – diferente do que ocorre agora – não apenas o que se está autorizado, mas sobretudo o que se estaria *proibido* de fazer. Para Jonas, "a democracia poderia muito bem impor algo desse tipo a si mesma por meio de uma visão de futuro" (TL, 189). E isso incluiria criar normas

[52] A pergunta sobre a compatibilidade ou incompatibilidade entre ecologia e democracia é tema do instigante livro de Joëlle Zask (2022), no qual o autor analisa o desafio de pensar a ecologia para além da carga "elitista" que muitas vezes a envolve os quais, no limite, conduz ao problema do autoritarismo. Para o autor, seria preciso demonstrar que essas são falsas questões e que é preciso abrir vias de participação direta dos cidadãos. Insistir no sistema participativo (para além do representativo) seria uma alternativa, portanto.

[53] Entrevista a Alexander U. Martens, do *Süddeutsche Zeitung*, 7 de agosto de 1981, publicada em *Une étique pour la nature* (2017) sob o título de *A predisposição para o medo como um imperativo ético* (aqui citada com a sigla PM).

para diminuir os hábitos de consumo, pois "tomar medidas contra os infortúnios que nos ameaçam exige que modifiquemos os nossos hábitos de consumo, isto é, o nosso estilo de vida e, consequentemente, a estrutura de toda a sociedade que está ao seu serviço e da qual ele vive precisamente." (TL, 189). Ora, a mudança dessa estrutura, conforme pretendemos demonstrar adiante, começa com uma crítica da ilusão do Progresso no qual ela se apoia. E nesse ponto, Jonas complementa: "Como isso é possível sem causar outros infortúnios (como o desemprego em massa, por exemplo) que são ainda mais assustadores do que o mal mais distante que estamos prevenindo, não sei. Encontrar um caminho praticável sobre a linha de divisão entre esses dois abismos é a tarefa dos economistas da nação. Isso certamente exigiria o sacrifício da liberdade de mercado, mas é a esse preço que a liberdade pública pode sobreviver" (TL, 190).

A era dos sacrifícios

Para Jonas, o tempo de sacrifícios parece começar com uma reflexão séria sobre os limites à liberdade individual, precisamente um dos bastiões das democracias liberais[54]. Para evitar o maior dos perigos (a necessidade de que sejamos controlados unilateralmente para enfrentar as calamidades e evitar a catástrofe), seria necessário, segundo ele, uma espécie de nova aliança política orientada pela renúncia ao consumo e à degradação da natureza: "posso imaginar que tenhamos de enfrentar situações muito piores, que levariam a acordos baseados em compromissos entre os grupos de poder econômico, político e social" (PF, 41). Referindo-se à Cúpula da Terra no Rio, Jonas afirma: "é isso que tentam alcançar as convenções internacionais, cujo objetivo é encorajar uma renúncia global à competição desenfreada pelos recursos limitados da terra" (PF, 41).

A questão diz respeito, portanto, à capacidade humana de reagir diante do risco iminente de sua própria destruição e à possibilidade de transformar essa ameaça a favor de uma transformação radical no

[54] Sobre o debate em torno da democracia ambiental a partir de Jonas mas com interlocução com outros autores, ver POMMIER, 2022.

modo de vida que associou felicidade individual ao consumo desenfreado e cujo custo mais alto é a degradação ambiental. Compreendendo esse processo como próprio da chamada "Modernidade", Jonas se pergunta: "Será que a Modernidade foi um erro que deve ser retificado? O caminho que trilhamos graças a esta aliança entre o progresso científico e tecnológico e o crescimento da liberdade individual é o caminho certo? A era moderna foi, em certo sentido, um erro que não deveria continuar?" (PF, 44). Ora, perguntar-se sobre o erro da Modernidade é perguntar-se sobre o erro do Progresso, sobre cujas bases ela está assentada, como já vimos. E essa, afirma Jonas, é uma pergunta que deve ser feita pelo filósofo, embora não se saiba se ele será ouvido adequadamente ou se suas reflexões serão suficientes para provocar as mudanças que são necessárias. Eis o paradoxo de Cassandra sempre de novo revisitado.

Perguntado sobre a lógica interna da Modernidade, que é o Progresso e o crescimento, que torna "a estagnação um elemento estranho por essência", Jonas responde, deixando clara a sua aproximação em relação às teorias econômicas pós-desenvolvimentistas: "Posso me permitir perguntar exatamente por que uma certa estabilização da sociedade não é possível? Por que o produto social deve sempre crescer?" (PF, 48). A mesma questão aparece em outra entrevista, de 1988: "Como ainda podemos administrar esse desenvolvimento?", pergunta um dos entrevistadores da *Stern*[55], completando: "Isso implicaria, de fato, impor às grandes empresas e às grandes organizações demandas contrárias aos seus próprios mecanismos existenciais: expansão, maximização do lucro e dos benefícios." (SE, 155). Jonas responde no mesmo tom: "Toda situação é muito complexa e os possíveis remédios só podem ser também muito complexos por sua vez. Em todo caso, o Estado moderno já alcançou uma espécie de prosperidade que vem acompanhada de um pesado aparato social. No final de uma era extremamente selvagem de expansão e pura competição individualista, as coisas evoluíram para um certo socialismo. Já entraram em jogo forças políticas que limitam um pouco o que se chama de livre iniciativa" (SE, 156). Obviamente essa

[55] Entrevista concedida a Christine Claussen e Heinrich Jaenecke, da Revista *Stern,* 23 de junho de 1988; incluída no volume *Une étique pour la nature* (2017). Usaremos aqui a sigla SE para nos referir a essa entrevista.

não é uma questão simples como talvez Jonas tenha sugerido nessa resposta e, por isso, os entrevistadores do *Der Spiegel* tentam defender a ideia de que seria impossível pensar uma sociedade que não fosse movida pela ideia de Progresso e que, nesse ponto, "nem a democracia nem a sociedade de mercado fornecem uma estrutura para sua [de Jonas] ética da responsabilidade" (PF, 48). A resposta é bastante dura:

> Mas não podemos também postular que os homens aspiram a um futuro? Que não acreditam que o sentido de sua existência se reduz ao consumo? Não deveríamos também levar em conta uma necessidade metafísica do homem na história futura da espécie *Homo sapiens*? Desde os primórdios da humanidade, existiram religiões que, em sua maioria, estiveram a serviço de necessidades, anseios e desejos bastante terrenos. Mas também sempre houve uma aspiração mais elevada, além da satisfação ideal dos estômagos e dos instintos físicos. Orgulho, modéstia, ambição de ser reconhecido, tudo isso vai além do simples desejo de gozo. (PF, 49)

Em outras palavras, Jonas mantém sua crença na possibilidade de que a humanidade seja orientada por valores que não sejam aqueles imediatistas, que têm produzido a catástrofe. Ao falar em "necessidade metafísica" e mesmo ao recorrer às religiões ou aspirações mais elevadas[56], Jonas denuncia que o modo de viver baseado na ideia de Progresso e crescimento não é o único possível e – mais ainda – não é mais viável.

[56] É preciso ressaltar que, nesse ponto, Jonas não é ingênuo – ele não está propondo um novo tipo de religião de massas como ferramenta para o enfrentamento do problema ambiental. Na verdade, como ele sugere em outra entrevista, concedida ao *Süddeutsche Zeitung* (7 de agosto de 1981), embora essa seja uma possibilidade, ela não é mais do que uma possibilidade infundada: "Penso que, do ponto de vista individual, o problema só poderá ser enfrentado e talvez superado se surgir uma nova religião de massas, cujos ensinamentos os indivíduos seguiriam sob profunda convicção religiosa. Mas essa é uma expectativa infundada. Se não é de excluir que possamos chegar a isso, não é, no entanto, o caminho certo para refletir sobre as obrigações do tempo presente e do futuro que temos diante de nós. Por isso, seria muito melhor encontrar, pela razão, o bom senso e o exame cuidadoso das coisas, formas de comportamento e normas a serem rigorosamente observadas. No entanto, essa estrita observância só pode ser assegurada se existir um poder constrangedor, ou seja, se existirem sanções. Na prática, portanto, deve haver um poder, ou seja, uma política." (PM, 165). No discurso aos livreiros alemães, de 1987, Jonas deixa isso ainda mais claro: "Minha esperança repousa sobretudo na razão humana – a mesma razão que já se mostrou tão assombrosa na obtenção de nosso poder e que agora devemos tomar em mãos para guiá-lo e impor-lhe limites. Desesperar seria uma irresponsabilidade e uma traição a nós mesmos." (TL, 191)

Para ele, seria papel da ética, da política e da educação, "elevar a existência individual" por meio do conceito mesmo de renúncia: Jonas parece sugerir que a capacidade humana de recuar diante do perigo, apelando para fins mais modestos, para uma contenção, a contração e a precaução, seria uma forma de elevação das consciências para além da satisfação imediata por meio dos bens de consumo. Voltaremos a esse tema nos últimos capítulos. Por ora é suficiente lembrar que, para o filósofo, a verdadeira liberdade, como marca indelével da autenticidade da vida humana, não estaria em *fazer tudo o que se quer* ou *tudo o que se pode*, mas em *optar voluntariamente por não fazer o que se pode e o que se quer* quando isso colocar em risco o bem maior da própria existência da humanidade. Por isso, Jonas apela para os elementos metafísicos, religiosos ou mesmo artísticos: "tudo o que apareceu na arte, na poesia, na música e até na dança já supera tudo o que o homem pôde atribuir ao simples conceito de satisfação corporal" (PF, 50).

Para Jonas, esse seria o papel da Filosofia: "A filosofia pode contribuir para desenvolver, por meio da educação, a consciência das consequências a longo prazo que a ação humana pode ter sobre o delicado equilíbrio entre as pretensões humanas e a capacidade produtiva da natureza. Pode contribuir, por meio de sua reflexão e de seus argumentos, para a implementação de iniciativas para salvar e conservar o meio ambiente." (PF, 53). A Filosofia, por isso, teria um papel central, por meio da ética e da educação, para mudar as consciências e elevar o espírito humano para além dos ideais de "satisfação corporal" que orientam os interesses imediatistas do estilo de vida hodierno, em prejuízo da natureza. Mas isso não é tudo. Jonas considera que essa não é uma tarefa apenas de uma "elite espiritual": "Líderes empresariais, políticos e cientistas terão muito mais a dizer do que o filósofo mais informado quando forem consultados". A Filosofia, nesse caso, tem um papel bem delimitado: "a filosofia sempre deterá uma tarefa: garantir que as medidas pelas quais se procura impedir o infortúnio sejam humanas [estejam de acordo com os interesses humanos], pois essas medidas podem ser tais que enviem ao diabo exatamente o que se deseja salvar" (PF, 52). Perguntado sobre o que isso significa, Jonas esclarece que, para ele, um estágio avançado da crise poderia levar a uma degradação absoluta das condições da civilização – e isso seria catastrófico. Essa ideia talvez explique a dúvida com a qual Jonas inicia seu discurso de agradecimento por ocasião da entrega do Prêmio da Paz dos livreiros alemães, em 11 de outubro de 1987: "Tive que me perguntar por que meu trabalho, embora não aborde explicitamente a paz, foi selecionado para essa distinção. A diretoria da fundação justificou sua escolha com estas palavras: 'A paz repousa na responsabilidade', fazendo assim a ligação entre o conceito de paz e o tema dominante dos escritos da minha maturidade" (TL, 171). O cuidado com o equilíbrio natural, a garantia de uma natureza equilibrada e saudável é condição para a paz.

No fim, a tarefa da Filosofia seria "incutir no homem atitudes de vida menos gananciosas e menos ávidas, mas talvez mais promissoras sob outro ponto de vista. A questão não é saber se isso terá alguma utilidade, mas se será possível impor tal atitude contra o vulgo, os desejos das massas e seus hábitos." (PF, 54). Tratar-se-ia de enfrentar, pela primeira vez na história, o desafio de convencer as massas (conforme sugere um dos entrevistadores) "a renunciar voluntariamente ao gozo material" (PF, 54). Jonas termina a entrevista mais otimista do que começou, afirmando que "desistir da esperança só pode acelerar o desastre, enquanto uma das coisas que podem atrasá-lo é a crença de que ele pode ser evitado" (PF, 54). A esperança, que fora largamente criticada em *Das Prinzip Verantwortung* se alia à responsabilidade, portanto: manter a esperança pertence ao imperativo da responsabilidade tanto quanto apelar para o temor da catástrofe. E isso passaria necessariamente por uma disposição para colocar em xeque precisamente as [pretensas] benesses do Progresso, tal como sugere o título de outra entrevista de Jonas, ao jornal *Stern*, de 23 de junho de 1988: "se nós não estivermos prontos para o sacrifício, não há esperança" (SE, 149).

Esse é o tema da parte final do discurso de Jonas, proferido em 1987, quando da entrega do Prêmio da Paz dos livreiros alemães:

> Qualquer que seja o futuro, devemos de fato viver à sombra de uma calamidade iminente. Mas ter consciência dessa sombra, como já acontece hoje, é o que paradoxalmente consiste no vislumbre da esperança: é de fato o que impede que a voz da responsabilidade

> desapareça. Essa luz não brilha no caminho da utopia, mas o seu alerta ilumina o nosso caminho tal como a fé na liberdade e na razão. Assim, o princípio da responsabilidade e o princípio da esperança finalmente se unem, mesmo que não se trate mais da esperança exagerada de um paraíso terrestre, mas de uma esperança mais moderada quanto à possibilidade de continuar a habitar o mundo no futuro e quanto a uma sobrevivência humanamente digna da nossa espécie, tendo em conta o patrimônio que lhe foi confiado e que, embora certamente não seja miserável, não é menos limitado. É esta carta que eu gostaria de jogar. (TL, 192)

Uma tal esperança responsável, contudo, não deve deixar de reconhecer as sombras da "calamidade iminente". Nesse ponto, Jonas chama atenção para o papel da Filosofia: "devemos saber assumir o papel de profeta da desgraça" (SE, 149) porque "algo muito pior nos espera" (SE, 153) e é preciso abdicar do fatalismo, porque "resignar-se ao fatalismo é já perder a batalha" (SE, 153). Trata-se de anunciar o risco e a ameaça, dando preferência para o prognóstico negativo. Jonas assume esse papel, denunciando a incompatibilidade do Progresso com o atual estado de degradação da natureza, agravado pelo crescimento demográfico. Para ele, "A civilização técnica tem uma forte propensão a degenerar de forma desproporcional e descontrolada. Existem forças econômicas e outras em ação que aceleram o processo e que estão além do nosso controle. Estamos numa espécie de estado de emergência, numa situação clínica, à beira da cama de um doente. E nós somos aqui simultaneamente os pacientes e os médicos." (SE, 150). O tratamento, nesse caso, implica a contenção e a privação da causa da doença: o consumo exacerbado promovido pelo modo de vida largamente promovido pelo Progresso, aliado ao conforto e ao consumo, precisamente. Por isso, para Jonas, "nosso apetite pelo consumo não deve mais crescer constantemente, como tem acontecido até agora. Precisamos adotar um modo de vida mais moderado. Se não estivermos prontos para o sacrifício, haverá pouca esperança", ele insiste (SE, 151).

É esse mesmo apelo que mistura medo e esperança que Jonas confessa no final de sua entrevista ao *Stern*, quando perguntado sobre como ele, tendo vivido ao longo do século XX, via o futuro. Sua resposta é hesitante:

> Incerto, muito incerto, um misto de medo e esperança. É bem possível que a humanidade termine tragicamente e que essa tragédia ocorra até mesmo no nível regional, local. Mas, por outro lado, ainda mantenho a esperança de que a humanidade descubra em seu próprio organismo os processos de automedicação. Supondo que a loucura de uma guerra atômica não nos leve a um fim repentino, ainda poderia ser hora de produzir dentro do sistema imunológico da humanidade forças defensivas que não chegariam tarde demais. Mas, ao contrário do que acontece no organismo, nós mesmos e nossos descendentes devemos trabalhar conscientemente nessa direção. Afinal, a liberdade do homem é tamanha que ele pode aprender e aprender com muitas experiências. Mas estas serão muito amargas, a menos que a razão seja suficiente para prevenir efetivamente a catástrofe. Embora não seja excessivamente otimista, minha visão do futuro da humanidade não é desesperada. (SE, 156-157)

Euforia *versus* responsabilidade

A crítica à noção de Progresso é um dos esforços mais centrais e mais contundentes da obra de Hans Jonas. Para o autor, a crença no Progresso é o principal combustível do avanço tecnológico, das utopias nele fundadas e dos regimes políticos que nele se abastecem (tanto o capitalismo quanto o socialismo). Além disso, esse conceito fornece as bases para o afã do desenvolvimento que vem orientando a sociedade moderna e cujos prejuízos estão ligados à exploração da natureza, ao esgotamento dos recursos naturais, à extinção das espécies e aos riscos à vida humana implicados na crise ecológica.

Para Jonas, o Progresso da Modernidade é inseparável tanto da depredação ambiental quanto do agravamento das desigualdades sociais que ele promete – sem sucesso – corrigir. Como sugere Jonas no seu discurso de 1987, não era esse o sonho de Fausto: "A partir de agora é em torno das locomotivas e não mais das chaminés dos casebres que a multidão se aglomerava, o que nada tinha a ver com o que Fausto havia sonhado. Desde então, o Progresso só aumentou de forma sem precedentes e, tendo em conta o êxodo rural e a urbanização que o acompanhou, já não tem nada a ver com este sonho." (TL, 175). O fim do sonho, aliás, não é resultado, como sugeria Goethe, de um agente externo, mas é um produto interno da própria humanidade que, sorrateiramente, se espalha na forma de uma fascinação: a ilusão do Progresso azeita todas as ações humanas e dispõe todas as energias a seu serviço. Para Jonas, esse é o paradoxo: "Nós nos tornamos um perigo maior para a natureza do que a natureza já foi para nós. Nós nos tornamos extremamente perigosos para nós mesmos por causa das conquistas mais admiráveis que fizemos ao assegurar o domínio do homem sobre as coisas. Somos *nós* que constituímos o perigo que nos cerca e contra o qual devemos agora lutar." (TL, 175). À "euforia do sonho fáustico" (TL, 176) a natureza contrapõe a verdade de seu próprio esgotamento: "A euforia do sonho faustiano se dissipou e acordamos com a fria luz diurna do medo. No entanto, não devemos ceder ao fatalismo, o pânico apocalíptico nunca deve nos fazer esquecer que a tecnologia é obra da nossa própria liberdade humana e que são as ações geradas por essa liberdade que nos levaram até onde estamos." (TL, 176). Nessas palavras Jonas resume a sua proposta: trata-se de estabelecer um diagnóstico lúcido e realista sobre os riscos impostos pela história moderna do Progresso e, de outro lado, convocar a humanidade à responsabilidade como alternativa ao fatalismo. A euforia, portanto, deve ceder lugar primeiro ao medo e ao temor e depois à própria responsabilidade, que convoca a uma crítica da utopia do Progresso tecnológico.

A questão, portanto, diz respeito à relação entre a liberdade do ser humano e os limites impostos pela natureza. Isso porque, em nome da liberdade, que lhe foi dada como dom da natureza, o ser humano se tornou "livre de qualquer prescrição em relação à sua espécie" e, consequentemente, fez de si mesmo "aquele que perturba todas essas relações". Assim, "dada a superioridade unilateral conferida a ele por suas armas não mais naturais, mas artificiais, o homem rompeu o círculo do equilíbrio simbiótico" (TL, 179). O homem transformou, como um ato de liberdade, a natureza inteira em um laboratório ou, mais ainda, em um esgoto de grande escala: nós abrimos agora "as brechas por onde nosso veneno se espalha pelo globo terrestre, transformando toda a natureza em cloaca do homem" (TL, 175). É por isso que, para Jonas, "a imposição de limites é a primeira obrigação de *toda* liberdade" (TL, 181) e, agora, a condição mesma da existência de uma humanidade capaz de usufrui-la. Nesse sentido, a crítica à ilusão do Progresso e o convite à contração e à precaução não são outra coisa do que um exercício de liberdade no âmbito da nova imposição que exige não uma liberdade para *fazer* quando se pode (de tipo positiva), mas, antes, uma liberdade para *deixar de fazer* quando se pode – conforme já apontamos.

Se o Progresso – e o poder que ele engendrou – nos deixou mais livres, como seres humanos, foi essa liberdade, precisamente, que passou a exigir um controle e um limite, que lhe seriam impostos pela responsabilidade. Por isso, "quanto mais a própria sociedade for livre (...) mais a obrigação de uma limitação voluntária nas relações entre os homens aparecerá como evidente e indispensável" (TL, 182). Em resumo, "nosso poder nos tornou mais livres, e essa liberdade tem justamente suas obrigações" (TL, 182). E entre essas obrigações está aquela que nos diz que "devemos restringir nosso poder aqui e agora, ou seja, devemos reduzir nosso consumo para o bem de uma humanidade futura" (TL, 182), algo para o que precisamente a nossa natureza moral nos equipou e que começa com o reconhecimento do valor em si da vida como um todo e em nome desse valor "nossa opulência deve ser limitada" (TL, 184).

Obviamente, Jonas tem ciência da diferença entre os graus de desenvolvimento dos diferentes países e das imensas desigualdades que se abatem sobre as populações mais pobres, que dependem do Progresso para alcançar algum nível de dignidade. O que ele não esquece, contudo, é que essa pobreza também pode ser debitada na conta do Progresso, ainda mais quando associada ao esgotamento dos recursos naturais desses países, historicamente espoliados. "Seria obsceno", diz ele nesse discurso de 1987, "pregar a proteção ambiental em vista de um futuro melhor para as partes famintas e destituídas da terra, ou mesmo para o mundo inteiro" (TL, 184). É a opulência que deve ser combatida, afinal:

> É esta opulência em que vivemos que impõe o seu constrangimento à mera necessidade nua do cotidiano, empurrando-a para a destruição e agravando-a ano após ano. Libertar estas partes do mundo deste constrangimento deve ser o objetivo prioritário de toda a ajuda ao desenvolvimento, objetivo para o qual os próprios países interessados devem contribuir, mesmo que apenas limitando

voluntariamente a sua taxa de natalidade. Mas o verdadeiro problema está do lado dos ricos desta terra, do lado daqueles que festejam, de sua culpa e sua obrigação global. (TL, 184)

A mesma posição é expressa na entrevista ao *Der Spiegel*, de 1992: quando perguntado sobre os diferentes estágios de desenvolvimento entre os países do hemisfério sul e do norte, Jonas afirma que os países ricos poderiam reduzir seus padrões de consumo sem que isso afetasse consideravelmente seus padrões de vida, enquanto, de outro lado, "não temos o direito", afirma ele, "de exigir qualquer renúncia por parte dos necessitados e famintos, exceto em matéria de procriação, área em que se impõem limites" (PF, 47). Apoiando abertamente as medidas de contracepção, Jonas acredita que é preciso limitar o crescimento demográfico do planeta e que isso deveria fazer parte das políticas públicas mundiais, embora seja necessário reconhecer que o principal desafio continua sendo combater a opulência das elites esbanjadoras, nascida do poder e do exercício da liberdade.

6

Um sentido geral da história?

Resgatando, com a admirável erudição que lhe é própria, a história da ideia de Progresso, Paolo Rossi destaca como essa ideia se tornou central para a Modernidade na medida em que se associou à própria vocação científica – em contraposição às ideias antigas. Segundo o autor,

> Para perceber os elementos de novidade que estão presentes nas ideias sobre o Progresso que operam na cultura do século XVII, creio que seja oportuno sublinhar com força dois motivos que se colocam como alternativa à imagem do saber que é própria da tradição hermética e que operam conjuntamente naquela cultura. Trata-se: 1. da recusa do caráter secreto e iniciático da ciência; 2. do abandono do mito de uma áurea e originária sapiência perdida nas trevas do passado.
>
> A primeira dessas duas recusas é realizada em nome de um ideal "laico" e "democrático" do saber. A segunda é realizada em nome de uma ideia da história como evolução, como lenta e gradual passagem da rusticidade de uma primitiva barbárie para as "ordens civis" e a vida social. Historicidade e temporalidade parecem categorias essenciais tanto para a interpretação do mundo humano como para a compreensão do mundo natural. (ROSSI, 2000, p. 79).

Isso significa que a ideia de Progresso, amparada cientificamente, ao mesmo tempo em que recusou as narrativas que faziam sentido no passado, também evocou uma nova concepção da própria história, ou seja, o Progresso se tornou, a partir do século XVII, o sentido geral da história, o elemento congregante de todos os esforços humanos. Essa é a mesma posição de Hans Jonas, para quem tal "sentido" é encontrado na articulação entre Progresso, utopia e tecnologia, que são próprias da chamada revolução científica e tecnológica iniciada no século XVII. É essa articulação que manifesta no esforço que os cientistas e pensadores desse século empreenderam para dominar e conhecer os processos naturais e que foi resumida por Rossi nas seguintes palavras – que demonstram a mudança profunda que estava em curso na própria compreensão da história humana sobre o planeta: "Para a formação da ideia de Progresso certamente contribuíram muito as amplas e seculares discussões sobre a origem e a formação da Terra, sobre as conexões entre história da natureza e história do homem, sobre a cronologia, sobre a origem da civilização como emersão de uma primitiva barbárie." (ROSSI, 2000, p. 93). Ora, essas novas visões que se desenhavam a respeito da natureza e do próprio homem forjavam também um novo tipo de visão sobre a relação mesma entre esses dois polos que foram, aos poucos, tornando-se cada vez mais distantes e divergentes. É por isso que

> A ideia de um crescimento e de um desenvolvimento do gênero humano, a noção do *advancement of learning*, foram se transformando no final do século XVIII numa verdadeira e própria teoria na qual entravam em jogo: a noção de perfectibilidade do homem e de sua natureza alterável e modificável; a ideia de uma história unitária ou "universal" do gênero humano; os discursos sobre a passagem da "barbárie" à "civilização", sobretudo a afirmação de constantes ou de "leis" operando no processo histórico. Entre a metade do século XVIII e a metade do XIX, a ideia de Progresso acabará por coincidir – no limite – com a de uma ordem providencial, imanente ao devenir da história. A convicção da existência dessa ordem atuará, de formas diversas, em Condorcet, Turgot, Saint-Pierre, Comte, Spencer e, mais tarde, nos expoentes do darwinismo social, junto aos quais o Progresso se configura como uma necessidade natural e a civilização é considerada uma parte da natureza. O evolucionismo assume tonalidades religiosas; a teoria da evolução é levada a coincidir com a do Progresso; as aspirações dos homens se identificam com as da natureza. (ROSSI, 2000, p. 95).

Em seu texto *Reflections on Technology, Progress and Utopia*, de 1981[57] (que repercute as análises desenvolvidas em *Das Prinzip Verantwortung*, especialmente as partes do capítulo V e VI, como veremos adiante[58]) Jonas avalia – como o próprio título do texto sugere – a relação do Progresso com a tecnologia e a utopia, algo que ele caracterizará como "utopia do Progresso tecnológico", de forma a deixar claro que esses três conceitos representam a principal característica da sociedade moderna e passaram, dessa forma, a constituir um sentido geral para a própria história da humanidade. Ao associar a ideia de Progresso à de Utopia e Tecnologia, Jonas chama atenção para a integração radical e simbiótica desses três conceitos. Isso significa que, de tão arraigada na cultura moderna, a ideia de Progresso se beneficia de certa proeminência que a torna não apenas evidente como também inquestionável e mesmo indiscutível, como afirmamos, na medida em que projeta sobre o presente inúmeras esperanças (utopias) que se tornaram, aos poucos, concretas e possíveis (porque apoiadas nos êxitos tecnológicos). Paolo Rossi (2000, p. 52) também chamou atenção para esse fato: "quem crê no Progresso", afirma o autor, "geralmente não se contenta com escolhas efetuadas no reino da imaginação. Não tende à fuga da história. Conta ou julga poder contar com possibilidades reais ou que interpreta como reais. Vê presentes na história algumas possíveis confirmações das suas esperanças, julga que ela procede – nem que seja nos tempos longos – segundo uma e não outra direção. Considera em todo caso que tem sentido operar no mundo com base em projetos regidos pela esperança num futuro desejável, melhor que um presente cujos limites e insuficiências são visíveis." Ora, é precisamente isso que Jonas identifica como compromisso da tecnologia: tornar possível aquilo que, não fosse isso, seria apenas uma utopia vazia.

Ao fazê-lo, Jonas, mais uma vez se coloca *against the stream*, para formular uma crítica capaz de compreender a genealogia desse conceito e suas consequências no campo ético e político. Jonas começa

---

[57] Social Research, Autumn 1981, v. 48, n. 3, 411-455. Texto guardado nos Arquivos Hans Jonas sob número HJ 9-13-8. De agora em diante citado apenas como RT, seguido do número da página da versão consultada nos Arquivos de Konstanz.

[58] O texto praticamente recupera várias passagens da obra de 1979, especialmente aquelas contidas no item VI do capítulo V, cujo título é precisamente "*A utopia e a ideia de Progresso*" (2006, 265-283).

por reconhecer que "a palavra 'Progresso' tem grande importância no discurso e no sentimento ocidentais, e abrange uma infinidade de usos referenciais" (RT, 411), sendo passível de aplicação aos contextos social, político, cultural, intelectual, técnico e moral. Jonas esclarece que há duas diferenças no uso do conceito que podem ser traduzidas pelo uso da letra inicial maiúscula ou minúscula: "o Progresso com P maiúsculo refere-se à esfera pública e não à esfera privada" (RT, 411), e isso, segundo o filósofo, "já é um fato peculiarmente 'ocidental'", na medida em que essa expansão da ideia de Progresso para o âmbito público tornou-se uma das marcas da Modernidade. Em outras palavras, não é apenas de um aprimoramento pessoal (em termos de sabedoria ou virtude) que se trata, mas do fato de que o Progresso tenha se transformado em um "traço especial do homem ocidental moderno" e em um "atributo – real ou potencial – da esfera coletiva-pública", o que significa que ela passa a estabelecer uma "macrodimensão" que exige a "continuidade transgeracional" que garanta o prosseguimento da capacidade, da disposição e da compreensão do Progresso como parte intrínseca do destino da cultura ocidental.

O Progresso, assim, não é um fato presente, mas um traço orientador da sociedade moderna, que passa a compreender a si mesma como uma sociedade em constante Progresso, uma sociedade obrigada a dirigir suas energias e todos os seus empreendimentos para favorecer esse seu traço fundamental – uma espécie de orientação histórica. O Progresso, em resumo, se torna – na Modernidade – o destino do Ocidente. É isso o que torna também, segundo Jonas, o termo "ao mesmo tempo descritivo e prescritivo", na medida em que serve tanto para descrever a tendência da sociedade moderna naquilo que Jonas chama de "mudança serial" (os reiterados processos que, somados, têm provocado tantas mudanças na sociedade, como é o caso dos processos de urbanização ou de burocratização ocorridos no passado e no presente) quanto para prescrever o seu destino, ou seja, traçar a sua obrigação de continuar *progredindo* indefinidamente, "prescrevendo uma escolha, como quando pessoas ou partidos se autodenominam 'progressistas'" (RT, 411).

Ora, o que acompanha esse diagnóstico e esse prognóstico é um julgamento de que há um "sentido geral" da história que se revela, paulatinamente, em uma mudança ascendente em relação a uma melhora contínua e cumulativa. É esse o fundamento da "fé de que essa direção é inerente à dinâmica do processo" (RT, 411), ou seja, de que todas as mudanças são sempre em vista do melhor e que isso deverá persistir no futuro, desde que continuemos comprometidos com essas mudanças. Para compreender o que Jonas descreve, basta-nos lembrar do uso corrente da ideia de *inovação* no nosso tempo, de tal forma que a perspectiva mesmo de que algo é *novo* ou que se *inovou* em algum processo ou produto, ou que há nele algum potencial de inovação, já basta para que se conceda todos os créditos a esse processo de mudança – embora, muitas vezes, tal coisa não represente de fato nenhuma melhoria concreta para a sociedade. O Progresso, nesse caso, se torna uma parte central da atividade cotidiana dos cidadãos e dos agentes políticos e tecnológicos, os quais devem investir todos os esforços para provocar mudanças em todos os sentidos da vida, crendo que, com isso (ou seja, com o simples fato de *mudar*) se estaria *progredindo* em direção ao *melhor*.

Como descrição, o Progresso é uma lei; como prescrição, ele é um ideal. Combinadas, essas duas perspectivas assumem a propriedade de um "*percebido* vetor" (*perceived* vector), ou seja, ele atua como uma força que reúne todos os esforços em uma mesma direção e em um mesmo sentido. Para Jonas, embora todas as sociedades mantenham algum traço de Progresso, a adoção desse vetor como "vontade consciente" que passa a orientar a vida social "talvez seja traço mais exclusivamente ocidental" (RT, 412). Trata-se de uma característica, portanto, que acaba por concretizar aquilo mesmo que profetiza: "à maneira das profecias autorrealizáveis, ele faz, até certo ponto, sua visão da história se tornar realidade por ser uma força histórica em si" (RT, 412). Em outras palavras, o Progresso *orienta* a história na medida em que compreende todas as mudanças como legitimação de si mesmo; o avanço (poderíamos dizer, o Progresso) da história seria a prova mais contundente da eficácia da ideia de Progresso, portanto.

Para Jonas, um dos exemplos dessa lógica própria do Progresso como vetor da história ocidental se revela na tecnologia que, segundo ele, "tornou-se o símbolo dominante do Progresso, pelo menos sua medida externa mais visível" (RT, 412). Por meio da tecnologia, o Progresso "quase se equipara ao aperfeiçoamento material", na medida em que a tecnologia fornece acréscimos à vida cotidiana em termos de bem-estar material, aumentando a produtividade, multiplicando os tipos de bens que podem aumentar o prazer de viver, aliviando o fardo do trabalho etc. E isso tudo, em termos globais, ou seja, em escala mundial. Mas isso não é tudo. Jonas lembra que a ideia de Progresso não implica apenas uma "vida melhor" em termos de acesso a bens de consumo, mas também a ideia de uma "humanidade melhor" em termos éticos, culturais e sociopolíticos. Para ele, é essa "fé mais nobre que eleva todas as convicções progressistas ou utópicas acima de seus fundamentos materialistas" (RT, 412), dando-lhes uma legitimidade ainda maior e ainda mais inquestionável. Afinal, ninguém seria contra o Progresso nesses termos – embora muitos o sejam nos termos da sociedade de consumo. O Progresso, assim, recorre à "fé no aperfeiçoamento humano coletivo ou na perfectibilidade do 'homem' em larga escala", cujo amparo, em nossos dias é a própria tecnologia: para Jonas, a tecnologia é, portanto, adornada pelo Progresso, "com o halo de uma missão que já lhe havia atribuído Francis Bacon" (RT, 412). É o programa baconiano que, em última análise, favorece essa visão utópica na qual a tecnologia se atira sobre a natureza na certeza de que esse é o caminho para o Progresso da humanidade. Como um "veículo" do Progresso, a tecnologia se tornou a sua força mais evidente e mais eficaz, traduzindo de forma concreta aquele ideal próprio da sociedade moderna.

Progresso e tecnologia

É precisamente por causa dessa associação íntima entre o ideal do Progresso (no limite, apenas uma abstração) e os poderes tecnológicos (os quais, fazendo parte do cotidiano humano, são concretos) – e dos perigos contidos nessa combinação – que, segundo Jonas, "devemos lançar um olhar crítico sobre as possibilidades e limites do Progresso em geral, para que não cedamos demais às demandas de seu suposto veículo" (RT, 412). A primeira pergunta que deve ser feita diz respeito ao progresso moral do ser humano: "faz sentido falar do homem no sentido genérico tornando-se moralmente melhor ou mais sábio do que sempre foi? O conceito de Progresso uniforme é aplicável a essa classe de atributos comunais?" (RT, 412). Em sua análise, Jonas retoma um dos argumentos comuns daqueles que criticam o avanço tecnológico dizendo que o progresso moral da humanidade não acompanhou o progresso intelectual, ou seja, científico-tecnológico e que, mesmo "dentro da própria órbita intelectual, o conhecimento do homem, da sociedade e da história ficou para trás do conhecimento da natureza" (RT, 413), na medida em que se investiu muito no conhecimento do "exterior" em detrimento dos conhecimentos humanos e sociais. Tal perspectiva defende, portanto, que "ambas as lacunas devem ser fechadas por uma respectiva recuperação das áreas atrasadas" (RT, 413), resgatando um equilíbrio e endireitando o caminho do Progresso, para que ele não seja unilateral e não negligencie a perspectiva das ciências humanas e sociais, que vem sendo preteridas em nome das ciências exatas e naturais. Jonas, contudo, considera tal visão equivocada, tanto do ponto de vista humano quanto ético. Para ele,

> o fato de não termos 'ainda' um conhecimento do homem, da sociedade e da história comparável ao desfrutado na ciência natural tem a simples razão de que eles simplesmente não são 'conhecíveis' no mesmo sentido que a 'natureza' é, e que 'conhecimento' aqui, chamado de compreensão, significa algo diferente em espécie, menos incremental e cumulativo do que o do mundo físico, antes algo que cada geração deve reformular de uma maneira única para si mesma ou para um ou vários de seus campos rivais. (RT, 413)

Jonas afirma, além disso, que o conhecimento das ciências humanas pode aumentar significativamente, mas que não se deve perder de vista que a "verdade" sobre o ser humano "reflete mais o que ele é no momento de olhar para si mesmo do que o que ele é de uma vez por todas" (RT, 413), tratando-se sempre, portanto, de um conhecimento parcial e limitado: o conhecimento do ser humano é sempre um conhecimento do que "ele é na época" e, mais ainda, "do que ele é (em parte) graças à maneira como passou a olhar para si mesmo" (RT, 413). Ou seja, não há nenhum conhecimento de cunho objetivo ou neutro e que não seja, também, desde sempre, parcial: "em outras palavras, o conhecimento das coisas humanas, do sujeito da história, é um fenômeno histórico em si, pois brota da autointerpretação cambiante do sujeito histórico em mudança" e, sendo assim, o "modelo das teorias progressivamente superiores" não se aplicaria no caso das ciências humanas: não há um "dado" (fixo e imutável) disposto para o conhecimento e do qual as ciências se aproximariam, cada vez mais e de forma melhor. Em resumo, para Jonas, no caso das ciências humanas e sociais, o que temos "comparado com o conhecimento univocamente 'progressivo' (aumentando) de uma realidade constante nas ciências naturais, não é um atraso cognitivo, mas uma heterogeneidade cognitiva que nenhum Progresso irá solucionar" (RT, 413).

E quanto ao progresso moral, pergunta Jonas, sendo ele desejável, deve-se considerar que ele ocorre como um "movimento coletivo, transgeracional, com ganhos incrementais ao longo do tempo", tal como ocorre com as ciências naturais e a tecnologia? Não deixa de ser irônico, segundo o autor, que a ideia de um Progresso (em termos públicos) tenha se originado dessa ideia mais individual de um progresso moral e pessoal. Problematizando essa questão, Jonas retoma ideias de progresso pessoal como aquelas contidas na obra de John Bunyan, *The Pilgrim's Progress* (1678), que trata do progresso como acesso da alma à salvação; ou mesmo de Sócrates, para quem a "virtude cresce pela virtude" sendo "produto cumulativo da educação constante", para o que contribuiria a companhia certa, o exemplo, a prática, a compreensão e o esforço, sendo que a "força máxima" do progresso moral nesse caso seria o "amor ao bem". Por isso, a crença no Progresso moral é parte da própria história cultural, porque ela diz respeito à ideia de que o ser humano é capaz de aperfeiçoamento (eis o que funda a própria ideia de educação e as instituições educativas) e que, para isso, poderá contar com diferentes auxílios no meio humano e também na ascensão religiosa da alma. Nesse caso, o progresso está associado à ideia de desenvolvimento humano, ao "devir da pessoa", do nada até a sua maturidade biológica, intelectual e psicológica: "uma vez que toda vida começa do nada e tem de se apropriar de tudo, o 'Progresso' é a lei de desenvolvimento obrigatória do devir humano", escreve Jonas em *Das Prinzip Verantwortung* (PR, 268). Nesse caso, segundo Jonas, o Progresso é contínuo, pois "a doutrina ética sempre sustentou que não deve haver fim até a morte, nem no conhecimento, nem nas habilidades, nem no caráter moral, e que a educação deve continuar como autoeducação até a maturidade – e que pode fazê-lo porque o mais perfeito e talvez atingível está sempre além do alcançado" (RT, 414).

Para Jonas, contudo, isso serve em termos pessoais, já que a ideia de progresso está sempre ligada ao desenvolvimento psicofísico das pessoas, como uma espécie de utopia projetada por cada um sobre si mesmo. A questão que precisa ser discutida é se isso também serve para o coletivo, "para um grupo, para as sociedades históricas, talvez para a humanidade como um todo"? Em outra palavras: "existe algo como uma 'educação moral da raça humana' [*human race*]?" ou, em termos mais gerais, "o que vale para a ontogenia é transferível para a filogenia"? (RT, 415). A resposta de Jonas é negativa: nos termos descritos até aqui, a vida pública não tem analogias com a vida privada, embora as metáforas correntes e mesmo algumas teorias da história muitas vezes tentem insistir no contrário. Para Jonas, a história das sociedades, das nações ou dos Estados não tem um objetivo predeterminado em direção ao qual tudo caminhe. Aliás, as próprias metáforas de infância, maturidade ou velhice de uma sociedade não têm sentido prático e mesmo as ideias de crescimento e outras metáforas orgânicas não se aplicam a não ser como engano. Nesse ponto, Jonas retoma os argumentos que utiliza para se contrapor – n'*O princípio responsabilidade* – à "ontologia do ainda-não" de Ernest Bloch: tudo o que a humanidade foi até agora já realizou de alguma forma o que ela é, o que torna impossível falar de uma "infância" da humanidade ou de algum tipo de "amadurecimento" futuro. Para Jonas:

> Da humanidade nunca se pode dizer (exceto em especulações ociosas) o que "ainda não é", apenas retrospectivamente o que ainda não era neste ou naquele momento do passado: por exemplo, o homem medieval não era "ainda" homem científico, a pintura em fundo de ouro não era "ainda" representação da perspectiva em profundidade, o nômade não era "ainda" um agricultor. Mas o ser humano, embora diferente a cada vez, não foi, portanto, em momento algum mais provisório e "inacabado" do que é hoje. (RT, 417)

Não há, portanto, nenhuma ideia de Progresso que esteja encravado na história como parte de um desenvolvimento que torna, por exemplo, os homens paleolíticos apenas uma "horda primitiva" em relação aos possíveis homens melhorados que hão de nascer no futuro por meio da tecnologia. A verdade é que se os homens do passado tivessem agido apenas como "crianças", nós nem sequer estaríamos aqui. Mesmo a tecnologia, afirma Jonas, é sempre, em todos os estágios da humanidade, "engenhosa" e "a astúcia em enganar a natureza é provavelmente na maioria das vezes superior ao que o citadino moderno ainda pode reunir" (RT, 416). Jonas lembra que mesmo no âmbito da antropologia não se aceita mais os discursos de missionários e exploradores que tratavam os membros das sociedades do novo mundo como "primitivos" ou "selvagens".

Em resumo, Jonas recusa a ideia de progresso social no sentido de uma tendência impregnada na história humana que caminha do pior para o melhor, "para o qual tudo o que precede é apenas uma preparação e o presente uma etapa de transição" (RT, 416) – algo que, como vimos nos capítulos anteriores, seria próprio da Modernidade. Isso significa que, ao criticar tal ideia, Jonas se torna, ele mesmo, um crítico da Modernidade. E é por isso que ele deixa clara a sua posição: "aqui fica claro de onde nossa posição deve esperar contradição: das escatologias políticas da história e da crença apolítica no Progresso sem fim" (RT, 416). Ao contrário, Jonas acredita que "o futuro (para não falar de sua incognoscibilidade essencial) não é menos, mas também não mais, 'ele mesmo' e por si mesmo do que qualquer parte do passado" (RT, 416) e, nesse caso, o devir da humanidade não pode ser comparável ao devir de um indivíduo. Algo que pode ser aceito apenas como uma metáfora poética. Ao longo da história, a humanidade já foi e já realizou plenamente o que ela é – mesmo que de forma contraditória, errática e incompleta. Não existe, assim, nenhum "cronograma programado" que ligue o "inacabado ao acabado, o provisório ao definitivo" (RT, 417). Ao contrário, Jonas lembra que pode acontecer que uma "geração infantil" invada o palco da civilização a qualquer momento e "deixe para todos nós a amarga colheita de sua loucura" (RT, 418), como ocorreu no século XX (Jonas se refere, obviamente, ao nazismo).

Sendo assim, é possível falar em Progresso histórico, mas não no sentido do progresso individual. Jonas faz referência ao que ele chama de "modos de habilidade humana" (RT, 419) que são desenvolvidos ao longo da história por diferentes indivíduos e que são transmitidos como uma "posse coletiva" às gerações futuras – como é o caso dos acontecimentos no campo da ciência e da tecnologia. É possível falar também de um Progresso no âmbito socioeconômico e político, no âmbito da segurança, no aumento do conforto da vida, no atendimento das necessidades humanas, nas diferentes formas de objetivos e modos de fruição da vida gerados por cada cultura, na ampliação do acesso a esses objetos, no Estado e na qualidade do direito, no respeito à dignidade pessoal e nos hábitos gerais ligados à convivência entre os seres humanos. Para Jonas, "em todas essas questões, pode haver Progresso para o melhor, pelo menos para o mais desejável", embora seja necessário admitir também que ocorrem, "como sabemos muito bem, também uma regressão, às vezes do tipo mais horrível" (RT, 419). Malgrado tais eventos, parece evidente que houve algum tipo de "ascensão" da humanidade nesses casos, abrindo novas perspectivas no futuro. Mas essa não é uma história ingênua e sem custos. Bem ao contrário: "um preço deve ser pago por isso; com cada ganho algo valioso também é perdido; os custos humanos da civilização são altos e, com mais Progressos, ainda tendem a aumentar" (RT, 419). O preço, como sabemos, ao qual Jonas se refere, diz respeito aos riscos impostos pelas novas tecnologias, tanto ao meio ambiente e à vida em geral, quanto à ideia de homem, ele mesmo um objeto submetido aos novos poderes tecnológicos produzidos pelo Progresso.

É precisamente esse o problema que exige uma análise detalhada da noção de Progresso: é preciso saber se o preço pago pela humanidade em termos de riscos e prejuízos é equivalente às pretensas conquistas e benefícios trazidos por tal Progresso. Jonas então, no texto em questão, analisa como a ideia de Progresso se desenvolve em diferentes aspectos da civilização ocidental, começando pelo Progresso na ciência e na tecnologia, âmbito no qual a ideia de Progresso é mais visível e indiscutível. Ao mesmo tempo, o casamento dessas duas "empresas" (a ciência e a tecnologia) aponta, segundo Jonas, para uma "continuação indefinida de seu movimento no futuro" (RT, 420), tanto por seu "formalismo cognitivo" quanto pela aparente inesgotabilidade de seus objetos, o que sugere que nenhum limite seja estabelecido. Nesse âmbito, portanto, "o Progresso, mesmo o Progresso potencialmente infinito, é um dado inequívoco" (RT, 420), embora seja duvidoso a sua possibilidade de manutenção em largo prazo diante do alto preço de seus pretensos benefícios.

Os [altos] custos do Progresso

Em poucas palavras: o Progresso tem um preço. O primeiro deles diz respeito ao próprio conhecimento: dado que se trata cada vez mais de um conhecimento coletivo, um dos primeiros "preços" apontados por Jonas tem a ver com a concentração do conhecimento em algumas "elites pensantes", por meio da – cada vez mais – requintada "especialização" do saber exigida nesse âmbito. Ou seja, a "infinitude" da tarefa científica, enraizada no mundo físico que lhe serve de cenário, faz com que a busca pelo conhecimento seja não apenas desejável, como também obrigatória, tendo como consequência o aumento da quantidade de saberes e a sua consequente complexificação: "impulsionada pelo crescimento monstruoso dos conteúdos de conhecimento, suas subdivisões proliferantes e os métodos diferenciados e cada vez mais sutis desenvolvidos para eles, [isso] leva à extrema fragmentação do total de conhecimento 'existente' entre seus adeptos" (RT, 420). Jonas toca, com isso, um dos pontos centrais da Modernidade, associado precisamente à fragmentação dos saberes em diferentes disciplinas e sua transformação em temas especializados nos quais os indivíduos já não se reconhecem e os espectadores já não compreendem, o que os leva a renunciar à "copropriedade em tudo que esteja fora de sua estreita competência" (RT, 420). Em resumo, o preço do Progresso científico é a crescente diminuição da participação dos indivíduos: "enquanto o estoque total de conhecimento cresce, a participação do indivíduo diminui para porções cada vez menores" (RT, 421). Isso ocorre tanto entre os cientistas e pesquisadores (que se encapsulam em suas áreas específicas) quanto entre os cidadãos que não participam desse "círculo encantado" para quem "todo o conhecimento e cada uma de suas partes se tornam cada vez mais esotéricos" porque "cada vez menos comunicáveis aos leigos" (RT, 421). Para Jonas, é assim que "a propriedade científica exclui a esmagadora maioria dos contemporâneos letrados do papel de testemunhas inteligentes" (RT, 421). É precisamente essa complexificação e essa exclusão das testemunhas que leva, segundo Jonas, ao alargamento do abismo entre os homens de uma ciência especializada e os outros, que não a entendem. O resultado último desse cenário de alargamento do abismo é o vácuo e as tentativas reiteradas de preenchê-lo com "pseudociências e superstições", que se espalham como nunca.

Ora, o Progresso nesse campo, malgrado seu preço, é tratado como inquestionável. Prova disso é a associação desse conhecimento com a ideia mesma de utopia, na medida em que estão associadas à sua tarefa uma série de expectativas quanto à melhoria das condições e formas de vida humana. Além disso, lembra Jonas, "os próprios utopismos políticos e literários" (RT, 422) incluem a tecnologia como o meio principal para a conquista de seus fins, o que é o caso tanto dos modelos capitalistas quanto dos socialistas. Jonas chama atenção, contudo, para o fato de que pode ser igualmente utópico, inversamente, a expectativa de que a utopia possa controlar o avanço tecnológico lá onde ele se torna perigoso ou ameaçador: "essa possibilidade deve ser admitida porque a tecnologia, diferentemente da ciência, justifica-se apenas por seus efeitos, não por si mesma, de modo que, dados certos efeitos, um avanço adicional pode de fato se tornar indesejável" (RT, 422). Mas essa não é a realidade por enquanto; ao contrário: até agora, a associação entre ciência e tecnologia não tem senão incentivado o crescimento do Progresso, como um dos seus principais e indissociáveis fenômenos, "inerente ao seu movimento autônomo", fazendo crer que é preciso continuar adiante, porque "todo 'próximo' [*next*] é necessariamente superior ao seu 'antes' [*before*]" (RT, 422). Ora, para Jonas, isso não é nada mais do que uma "declaração descritiva e não um julgamento de valor" (RT, 422), como exemplifica o caso da bomba atômica: "a maior força destrutiva da última bomba atômica pode ser deplorada como adversa ao valor, mas o que se lamenta é justamente ela ser tecnicamente 'melhor' e nesse sentido, lamentavelmente, fruto de um Progresso" (RT, 422). Do ponto de vista descritivo, a história da bomba atômica é uma "história de sucesso". Ou seja, do ponto de vista descritivo, reconhece-se que a bomba atômica é um Progresso, embora do ponto de vista do valor ela se torne um dos eventos mais abjetos da história humana. Assim, é preciso reconhecer que o "fato inequívoco" do Progresso tecnológico carrega sempre o seu "caráter equívoco" (quanto ao valor): toda tecnologia está carregada de ambiguidade e é isso o que a torna um tema obrigatório da ética, portanto. É por isso que precisamos formular a pergunta nesses termos: "há lucro moral nesse progressismo intrínseco da ciência e da tecnologia?" (RT, 422). Em outras palavras: como avaliar eticamente o Progresso desejado (e em boa parte, dada a sua história de êxitos, conquistado) pela tecnociência? Ou ainda: "a ciência e a tecnologia, através de seu Progresso, contribuem para o aperfeiçoamento moral em geral?" (RT, 423).

Jonas responde negativamente: não há ligação direta entre o Progresso da ciência e da tecnologia com o Progresso moral da humanidade. Ele começa analisando o caso da ciência e reconhecendo que a sua "dedicação ao conhecimento é um bem ético em si", uma tarefa nobre que – embora esse não seja sempre o caso ("estranhamente e lamentavelmente, nem sempre o faz") – pretensamente enriquece a vida de seus praticantes e os torna pessoas melhores ("não apenas melhores cientistas"). Quanto ao público em geral, ele só tem acesso ao Progresso na forma de seus resultados (os produtos e processos que alcançam a sociedade como um todo e que despertam nele uma verdadeira "compulsão" e uma crença vulgar nas "bênçãos tecnológicas"), sendo que entre tais resultados existem aqueles que podem produzir efeitos "moralizantes" (no sentido de crescimento pessoal e de bem comum) tanto quanto desmoralizantes, dada a enorme ambivalência sempre incluída nesse processo. Jonas cita, a esse respeito, a pretensão das biotecnologias que pretendem redesenhar [*reshaping*] o homem, dada a sua "plasticidade", em benefício de transformá-lo em um ser não apenas *melhor* do ponto de vista de sua performance física ou biológica, mas também de sua performance moral[59].

Para Jonas, assim, não há relação direta entre o Progresso em ciência e tecnologia (que é um tipo de Progresso inequívoco e mesmo potencialmente infinito) e o Progresso moral, sendo precisamente o contrário: para o autor, quanto mais um fenômeno está ligado à moralidade, menos chance ele tem de fomentar um Progresso como consequência natural, enquanto "aquilo que é eticamente mais neutro e medido por

[59] Como é o caso de muitas teses transumanistas que propõem o uso de medicamentos ou procedimentos biotecnológicos capazes de tornar os seres humanos mais amorosos, mais compassivos e, inclusive, mais moralmente responsáveis. Embora Jonas não aprofunde nesse texto tais questões, ele indica sua posição em relação a muitos dos procedimentos que vieram a ser propostos a partir da ascensão dos movimentos transumanistas e da convergência tecnológica da segunda década do século XXI.

critérios puramente objetivos, onde cada 'mais' significa um 'melhor', é claramente mais passível de melhoria cumulativa" (RT, 424). Nesse ponto, Jonas lança mão de um exemplo polêmico: os regimes despóticos. Ao contrário do que ocorre em *Das Prinzip Verantwortung*, onde Jonas levanta essa hipótese como parte de uma estratégia que poderíamos chamar de heurística (uma heurística do temor no campo da política), nesse texto de 1981 ele apenas reconhece que um regime desse tipo teria efeitos morais negativos sobre os indivíduos a ele submetidos, que seriam corrompidos e, ao mesmo tempo, vítimas de um poder arbitrário: "permanecer puro em tais condições", reconhece Jonas, "exige uma força de alma extraordinária, mais do que se tem razão para esperar da pessoa comum ou se tem o direito de pedir a qualquer pessoa" (RT, 424), embora seja preciso reconhecer e valorizar o testemunho dos mártires que se opuseram a tais regimes (como foi o caso de Sócrates, lembrado por Jonas, para quem tais testemunhos "salvam nossa fé no homem" [RT, 425]). Em regimes despóticos, o vício é encorajado no lugar da virtude e, nesse sentido, eles não contribuem para o progresso do ser humano: "entre os governantes, eles encorajam os vícios da arbitrariedade e da crueldade, entre os governados a covardia, a hipocrisia, a bajulação, a traição de amigos, a insensibilidade, pelo menos a indiferença fatalista – em suma, todos os vícios do medo e da sobrevivência a qualquer preço" (RT, 425). Esses lados sombrios, ignóbeis e vergonhosos da condição humana são ressaltados, portanto, pelas circunstâncias e é precisamente por isso que tais regimes devem ser combatidos e evitados a todo custo. Tal posição, como se vê, deixa clara a posição de Jonas sobre o assunto, demonstrando que ele não deseja e nem aconselha tais regimes, antes, assinala que devem ser evitados.

Para Jonas, uma situação semelhante ocorre quando se pensa que a exploração econômica causa efeitos desmoralizantes nos seus cidadãos. A economia, portanto, pode tanto contribuir para o Progresso moral dos cidadãos quanto, ao contrário, prejudicar o exercício da ética pessoal. Jonas se utiliza das críticas marxistas ao capitalismo para reconhecer que "as condições de exploração são imorais em si mesmas e também desmoralizantes em seus efeitos" (RT, 426), não contribuindo, portanto, para o crescimento moral da sociedade, nem para quem explora nem para quem é vítima da exploração: "os exploradores tornam-se culpados simplesmente por serem isso e, além disso, como ninguém passa seus dias de trabalho com sentimento de culpa, eles sofrem em suas almas as manchas morais da insensibilidade e de uma consciência mentirosa" (RT, 426). Embora possam ser moralmente "irrepreensíveis em suas vidas privadas" tais pessoas não atuam em benefício de nenhum Progresso moral, nem para si nem para a sociedade em geral, na medida em que vivem e promovem um "ambiente básico moralmente errado" (RT, 426). "Assim", lembra Jonas, "a proposição socrática de que o malfeitor primeiro prejudica a si mesmo, porque piora sua alma, é verdadeira também para o 'explorador'" (RT, 426). O explorado, contudo, sofre, primeiro, porque lhe é retirada a dignidade da liberdade; depois, porque ele se torna vítima de um sistema de injustiça que "significam pobreza abjeta com todas as degradações, externa e interna, que isso acarreta" (RT, 427). Nesse caso, a pobreza econômica empobrece também a vida moral de uma sociedade. Para Jonas, "o que a força e o medo fazem no despotismo político, a carência material e seus desejos tirânicos fazem aqui: onde não sufocam o sentido da 'virtude', tornam seu preço muito alto" (RT, 427). Jonas, além disso, é contundente ao citar as palavras de Berthold Brecht: "Primeiro vem a alimentação, depois a moralidade" (RT, 427). Para o filósofo, em resumo: "as condições de uma má ordem econômica, como as de uma má ordem política, podem impedir que os indivíduos alcancem o 'bem' de qualquer espécie" (RT, 427), dificultando e mesmo impedindo o testemunho ético de indivíduos que possam, eventualmente, escapar milagrosamente às circunstâncias. Nesses casos, não há nenhuma chance para o progresso moral.

A seguir, seria preciso perguntar se o inverso também seria verdadeiro, ou seja, será que uma situação política e economicamente adequada poderia contribuir para gerar pessoas boas? Um Estado bom gera pessoas moralmente melhores? Criar as condições econômicas e políticas para o surgimento do homem bom é suficiente para que ele apareça? Isso, para Jonas, é menos certo, já que o negativo é geralmente muito mais claro do que o positivo, embora ele advirta que qualquer ceticismo quanto a isso não deve nos eximir de buscar o bem e abolir tudo o que impede o seu aparecimento. Todo "escândalo moral" deve ser eliminado da vida social. Contrariando a posição de Kant (e de Hobbes), Jonas resgata o sentido político do problema tal como explicitado pela Antiguidade clássica, que "sustentava que a boa política deve ser um berçário para a virtude de seus cidadãos, da qual depende inversamente seu próprio bem-estar" (RT, 428), ou seja, que não há estado bom sem que haja, nele, homens e mulheres também bons. Jonas, contudo, tem consciência de que, desde Maquiavel, "essa ideia clássica do Estado como uma 'instituição moral' desapareceu cada vez mais do pensamento político moderno" (RT, 428), na medida em que o Estado liberal se tornou dominante e, com ele, a ideia de que as instituições devem proteger os indivíduos, mas deixar o máximo de espaço para a liberdade e o livre jogo de forças, interferindo o mínimo na vida privada dos cidadãos, de tal forma que o indivíduo não seria assunto do Estado na medida em que ele não transgredisse as leis e se mantivesse limitado ao seu mundo privado. Segundo esse modelo, "o melhor estado seria o menos notado" (RT, 429). De qualquer forma, afirma o filósofo, os regimes liberais têm a vantagem de evitar aquelas corrupções que são próprias dos regimes totalitários, embora se mantenham com diversos problemas, o mais grave deles é a própria ideia confusa de liberdade, que "evidentemente, não é de forma alguma uma liberdade apenas para o bem" (RT, 429). A liberdade é ambivalente e seu cálculo deve incluir as probabilidades de mau uso, levando à deturpação dos caráteres e à crise moral da sociedade como um todo. Mesmo assim, para Jonas, "mesmo aquele que não está tão convencido deve ousar a aposta da liberdade, pois a liberdade é um valor ético em si e vale o risco de um alto preço" fazendo uso do "senso de responsabilidade" que seria capaz de orientar o exercício da liberdade em vista do bem comum e da prática daquelas virtudes que só podem florescer em um terreno de liberdade. Além disso, para cada indivíduo que vive em um sistema de liberdade, o simples fato de que lhe seja facultado o exercício das escolhas (mesmo com seus riscos) em detrimento da mera "segurança sob o abrigo da prescrição" (RT, 430) já oferece as condições para o Progresso moral: "podemos afirmar que em todas as áreas da atividade humana um sistema de liberdade, desde que possa se proteger contra seus próprios excessos é, por razões éticas, preferível a um sistema não livre" (RT, 430). Jonas, nesse ponto, recupera uma argumentação que ele explicita em *Das Prinzip Verantwortung*, acentuando que

> um governo [Estado] de direito é melhor do que um por decreto arbitrário, a igualdade perante a lei é melhor do que a desigualdade, o direito ao mérito é melhor do que o direito de nascimento, o acesso aberto ao mérito melhor do que o privilégio, o controle dos próprios assuntos e uma voz em assuntos públicos melhor do que sua entrega permanente à tutela dos magistrados, a variedade individual melhor do que homogeneidade coletiva, portanto a tolerância para a alteridade melhor do que pressão para conformidade – e assim por diante (RT, 430)

Jonas, nesse ponto, insiste no fato de que tais modelos (por exemplo, o sistema liberal) é *melhor* em relação ao seu oposto (um sistema despótico) mas talvez não quando se avalia o seu *bem em si* em termos de resultados morais produzidos sobre seus cidadãos. É curioso, aliás, que esses regimes *melhores* não são, necessariamente, *mais duradouros*, na medida em que, precisamente por se pautarem pela liberdade, "abrigam o germe das contradições" (RT, 431) que lhes colocam em risco a cada momento e cada momento precisam ser salvos da degeneração: "em uma palavra, os melhores eticamente são ao mesmo tempo os sistemas mais precários" (RT, 431).

Traçando uma longa lista de benefícios próprios dos regimes libertários em relação aos despóticos, Jonas acentua que eles – paradoxalmente – não são os mais adequados para o desenvolvimento das utopias, já que os regimes utópicos são menos propensos à "imperfeição interna" e à "instabilidade" – algo que só poderia ser conseguido (pelas razões expostas anteriormente) em um regime não libertário. Eis porque todo regime utópico acabaria, segundo Jonas, lamentavelmente, a cercear a liberdade, "em outras palavras, deve optar contra o individual e pelo coletivo" (RT, 432), supondo-se que o "bem sacrificado" é menor em relação ao bem gerado para a coletividade.

7

Progresso como utopia

A análise desenvolvida por Hans Jonas a respeito da relação entre Progresso e Utopia, começa por uma discussão sobre o "Estado ideal" e sobre "o melhor Estado possível", que deve ser compreendido em duas concepções distintas: de um lado, um Estado que seja melhor enquanto ideia, ou seja, em si e por si mesmo, "independente das possibilidades de realização", como algo simplesmente desejável porque poderia contribuir para a felicidade humana; e, de outro lado, um Estado possível que, em condições reais, levaria em conta os limites da natureza e a própria imperfeição humana. Para Jonas, o primeiro tipo diz respeito precisamente à "U-topia", que no sentido literal significa "lugar nenhum" (*Nowhere*) e pertence ao mundo da fantasia ociosa; o outro, "cujo primeiro grande exemplo é a República de Platão, ainda é Utopia no sentido de que, embora seu ser real seja possível, torna-se real no confuso fluxo dos assuntos humanos e requer uma tal coincidência de circunstâncias afortunadas, que sua ocorrência não deve ser considerada" (RT, 435). Esse segundo modelo, afirma Jonas, pelas razões já expostas, teria boas chances de arcar com prejuízos à liberdade individual, de tal forma que, para ser "realista", mantivesse algum tipo de "componente autoritário e paternalista" (RT, 435). Para Jonas, a Utopia, em sentido literal, ou seja, como *não-lugar* é um modelo que não se destina a nenhum plano de ação política, servindo apenas como um ideal, algo "sobre o que nada poderia ser feito" (RT, 436), embora tal modelo tenha um valor, como "meditação básica" sobre o que poderia ser desejado, servindo de "bússola no labirinto da prática política" (RT, 435).

Esses dois modelos, pondera Jonas, servem para o passado, não para a atualidade. "Nossos utópicos modernos não se enquadram em nenhuma das classes" (RT, 435), afirma ele, na medida em que pretendem "realizar a sua utopia com seriedade", dado que a história criou as condições e a ação humana adquiriu essa possibilidade. Os modernos, por isso, pensam em uma utopia resignada, descrita por Jonas como "um exercício de realismo de pessoas que querem ser realistas acima de tudo", mas mesmo assim podem ser consideradas "idealistas". Para ele, essa ainda não é a opção dos utopistas revolucionários do presente e sua posição deve ser introduzida na discussão sobre o Progresso. É por isso que Jonas parte, na metade final de seu texto, para uma análise da utopia marxista, começando por analisar o que ele chama de "duas réplicas" possíveis às reflexões anteriores: "(1) nelas [ou seja, em tais reflexões] a *revolução* é ignorada; e, portanto, (2) não é levada em conta a *mudança* radical que isso provocará na equação humana, pela qual a analogia do passado não vale mais para o futuro" (RT, 434). Em outras palavras, é preciso reconhecer que, para os marxistas, o alcance do Estado ideal (a sociedade sem classes por meio da socialização da produção) não seria fruto do acaso e nem uma "tendência imanente do Progresso", mas um produto de uma "virada decisiva" e até mesmo "violenta" no curso dos acontecimentos, produzido pela luta e pelo esforço humano. Esse modelo, que se oporia frontalmente a tudo o que se verificou até então, seria absolutamente libertador do potencial humano (até então restrito e inibido) que "nenhuma comparação com o passado ainda se aplica e toda a história anterior empalidece como mera pré-história", dado que "a verdadeira história da humanidade, ou melhor, o próprio 'verdadeiro homem', só começa com essa conjuntura" (RT, 435). E, resumo, moldado pela ideia de revolução, uma tal situação seria uma novidade que, de tão nova, não se poderia ainda sequer adivinhar do que se trata o verdadeiro que ela produziria. Mesmo assim, duas coisas resultariam claras: negativamente, que as objeções antiutópicas não teriam mais sentido, meramente por terem sido formuladas em um contexto que fora superado; e, positivamente, tendo sido superadas tais circunstâncias (que eram "inibidoras e distorcidas"), em benefício de um estado de liberdade, finalmente o homem encontraria as condições de desabrochar, dando início a uma nova história, à inédita história verdadeiramente humana, orientada pelo reino da liberdade construído pela ação revolucionária. A revolução, assim, não só cria um novo mundo, mas cria um novo homem.

É isso que torna, segundo Jonas, necessária, uma crítica da utopia: pela primeira vez, com ajuda da tecnologia, tais ideais se tornaram possíveis e foram assumidos como tarefa pelo marxismo, que "aproveitou essa nova chance de dar ao seu evangelho político exaltação escatológica e credibilidade pragmática ao mesmo tempo" (RT, 435). Para Jonas, "no utopismo marxista, a tecnologia é posta à prova mais ambiciosa" (RT, 435), merecendo, por isso, uma crítica/análise minuciosa. Segundo ele, o nível da utopia marxista baseada na tecnologia só encontrou, até hoje, comparação, na fé religiosa: "até então, somente a fé religiosa havia mantido esperanças semelhantes: uma transformação consumada do homem, mesmo da natureza, com a vinda do Messias ou a 'segunda vinda' de Cristo; uma segunda criação capaz de corrigir a primeira, livrando-a do pecado; o 'novo Adão' ressuscitado da queda do velho e imune à sua recorrência; a *imago Dei* na terra finalmente brilhando em sua pureza" (RT, 436).

Jonas trata dessa questão de forma explícita no capítulo VI de *Das Prinzip Verantwortung*, cujo título é *A crítica da utopia e a ética da responsabilidade*, no qual ele analisa a "escatologia secularizada do novo Adão" (PR, 287). Segundo o filósofo, contudo, o "equivalente secular" dessa visão utópica passa a compreender o Progresso como um produto das mãos humanas e a partir das "condições externas da vida", construídas politicamente por meio do aumento da produção e pela distribuição das benesses conquistadas – algo que seria o resultado da revolução, "que aqui assume a tarefa da intervenção divina" (RT, 436). Com a tecnologia, o "milagre pentecostal" acabou por se tornar possível por meio das mãos humanas.

Esse tipo de fé, segundo Jonas, tem diferentes perspectivas: primeiro, a fé no "poder das circunstâncias" em geral e no fato de que o homem seja um produto dessas circunstâncias; segundo, a fé de que essas circunstâncias podem ser não-ambivalentes, ou seja, que elas estejam orientadas sempre para o bem; terceiro, que estando o ser humano submetido a tais "boas" circunstâncias, ele também será bom; e, quarto, que esse homem ainda não existiu porque as circunstâncias passadas não contribuíram para isso, algo que seria, afinal, agora produzido pela tecnologia que, ao criar tais boas circunstâncias, também criaria o "verdadeiro homem". Para Jonas, esse quarto ponto é um dos mais importantes da teoria marxista, que se apoia firmemente na intenção de criar condições até hoje nunca conhecidas capazes de produzir não apenas uma vida melhor, mas um ser humano melhor e é precisamente essa a questão que orienta as decisões sobre os rumos e os riscos do projeto tecnológico.

Nesse ponto Jonas clama à prudência, porque esses poderes nos colocam em uma "zona de perigo" na qual agora nos movemos e na qual devemos agir com *cautela* e não com exuberância [*caution* rather than exuberance], a fim de evitar que "o feitiço da Utopia" se torne um perigo adicional, pois quando se trata de criar esse *novo homem*, obviamente, corre-se o risco de colocar em segundo plano, inclusive formas de crueldade que seriam entendidas como uma espécie de preço justo para a produção do melhor. É precisamente por isso que o Progresso, na perspectiva das utopias, se torna um feitiço ou uma ilusão: ele se apoia em uma promessa de tipo inquestionável, a serviço da qual se reunirão todas as forças possíveis e se recusarão todas as possíveis proibições ou obstáculos. Além disso, em uma perspectiva complementar, a própria ideologia utópica faz crer que isso não será necessário, porque os perigos e limites não serão ultrapassados, dado que a tecnologia seria, no modelo marxista, "livre das irracionalidades da economia do lucro" e empregada "com mais sabedoria". Além disso, livre de possíveis inibições sociais ela, assim, poderia deixar florescer o seu "potencial ainda inexplorado" e, como um "Prometeu finalmente desacorrentado" (RT, 457), alcançar as próprias possiblidades de forma plena. Dessa forma, a tecnologia não teria outros limites além daqueles impostos por uma sociedade imperfeita que, por si mesmo, são empecilhos para a própria criatividade tecnológica. No novo cenário, a tecnologia contaria com liberdade criativa e não seria restringida pelos limites da natureza. Isso lhe garantiria crescente expansão, já que tanto a criatividade quanto os potenciais da natureza seriam considerados como ilimitados – esses últimos estariam, mais ainda, à espera de que a arte tecnológica os desbloqueasse por completo. Por isso, para Jonas, "essa dupla inesgotabilidade – da tecnologia humana e de uma natureza que responde a ela – aparece, por exemplo, [nas] palavras de Ernst Bloch, o maior profeta do utopismo marxista em nosso século" (RT, 437). Jonas cita uma passagem de *Das Prinzip Heffnung*:

> Fertilizantes artificiais, irradiação artificial estão, ou poderiam estar, a caminho de incitar o solo a um rendimento mil vezes maior, em uma hubris e inigualável "movimento anti-Deméter" cujo conceito de fronteira sintética é "o milharal crescendo na palma da mão'. Em suma, a tecnologia *per se* pretende, e já não está longe de ser capaz, de nos emancipar do trabalho lento e regionalmente confinado da natureza sobre suas matérias-primas... Um novo horizonte de elevação de dada natureza a um estado superior (uma "supernaturalização") é alcançada[60].

Assim, a natureza estaria aberta, finalmente, para a ação humana em seu conjunto e a sua própria condição atual (incluída aí a condição atual do próprio ser humano existente) seria condenada radicalmente como algo a ser superado. Diante de uma tarefa tão superior transformada em algo mandatório (criar o homem verdadeiro), a tecnologia passaria a contar com uma justificativa suprema, na qual o todo mesmo poderia ser colocado em jogo pela "audácia tecnológica" que nos deixaria *ou* diante da "felicidade suprema" *ou* do "desastre supremo" – eis o nível da aposta.

Objeções antiutópicas

A crítica da utopia marxista levada adiante por Hans Jonas passa por uma análise das condições físicas da utopia, traduzida na ideia de Bloch sobre a "reconstrução do planeta Terra" por meio de uma tecnologia ilimitada. Isso porque a ideia de utopia descrita por Bloch (como representante do utopismo marxista) tem duas premissas centrais: [1] a abundância material, capaz de levar à satisfação das necessidades de

[60] Jonas cita Bloch na versão de 1959: Ernst Bloch, *Das Prinzip Heffnung*, 2 vols. (Frankfurt: Suhrkamp, 1939), p. 1053.

todas as pessoas; [2] o acesso fácil a essa abundância ou o que Jonas chama de "facilidade de apropriação da fartura" (RT, 438). Nesse ponto, mais uma vez, Jonas retoma as análises já levadas a cabo em *Das Prinzip Verantwortung* (Capítulo V, item II; PR, 299), acentuando o fato de que a "essência formal da utopia" é o lazer e este só pode existir quando houver conforto, que é o nome dado pela sociedade moderna à condição de pleno suprimento das necessidades vitais com um mínimo de trabalho. Lazer, nesse caso, é definido como o "mínimo de trabalho" já que ele "é formalmente apenas liberdade da labuta a serviço da necessidade" (RT, 438). Lazer seria conforto sem muito esforço, liberação das necessidades básicas e exercício pleno de liberdade. Colocada a serviço desse projeto, a tecnologia amplia as ideias de abundância e facilita o acesso e, para isso, o primeiro passo seria "reconstruir a natureza", colocando-a mais disponível para o ser humano – ou, nas palavras de Jonas, "esbanjando seus tesouros". O segundo passo, por sua vez, está ligado à ampliação dos processos de mecanização e automatização dos métodos de trabalho, abreviando força, energia e tempo humanos.

Comparando o capitalismo e o socialismo, esse último teria, segundo Jonas, algumas vantagens diante desse cenário, entre as quais está o fato de que ele seria mais propenso a escolher melhor e discernir com mais precisão os rumos do Progresso técnico, orientando-o tanto para evitar o desperdício (coisa que a excitação do consumidor promovida pelo capitalismo acaba por impedir) e para a distribuição das benesses desse Progresso. De um lado, portanto, uma melhor produção; de outro, uma melhor distribuição dos bens. Esses dois aspectos já seriam suficientes, segundo Jonas, para mitigar o sofrimento de boa parte da humanidade que vive sob carência extrema. Mas o problema é que o crescimento populacional acaba por tornar impossível uma economia baseada na abundância que seja acessível para toda a crescente população mundial. Embora sério, esse, contudo, não é o problema central, já que para Jonas, o grande dilema desse modelo de Progresso é a "natureza" ou, mais precisamente, "como a 'natureza' reagirá a esse ataque intensificado – natureza para a qual não faz diferença se o ataque vem da 'direita' ou da 'esquerda', do campo burguês-liberal ou marxista" (RT, 439). O problema central, portanto, diz respeito aos limites da tolerância da natureza. É precisamente isso que, segundo Jonas, coloca uma advertência ao modelo utópico baseado no Progresso e isso diz respeito tanto ao capitalismo quanto ao socialismo: "a questão a ser feita aqui não é o quanto o homem ainda é capaz de fazer – nesse ponto pode-se estar otimista com o potencial prometeico – mas o quanto a natureza pode suportar" (RT, 440).

É evidente que a natureza já dá sinais de esgotamento e de que não será capaz de suportar a depredação sistêmica e continuada; a questão é saber agora como a utopia do Progresso técnico se comportará diante desses limites: haverá de seguir adiante, fechando os olhos para esse intensificado depauperamento (como tem feito até agora) ou será capaz de avaliar suas próprias premissas para evitar a catástrofe final? Os agentes tecnológicos e os fiéis do Progresso serão capazes de enxergar os "efeitos colaterais" ou continuarão negando-os em benefício da continuidade de suas ações? A questão dos limites naturais, portanto, exige uma resposta, na medida em que ultrapassá-los coloca em xeque a própria continuidade da humanidade no futuro. Para Jonas, "os limites são ultrapassados, talvez além do ponto de retorno, quando a sobrecarga unilateral colocou todo o sistema de incontáveis e delicados equilíbrios à deriva em direção à catástrofe em relação aos fins humanos" (RT, 440). O que homem está fazendo com a Terra seria, nesse caso, da ordem do perturbador e sua constatação é uma verdade que advém da ecologia, que hoje vem colocando um "amortecedor até então desconhecido na fé progressista, na socialista não menos do que na capitalista" (RT, 440). Ou seja, para Jonas, a ecologia é a denúncia dos limites e, nesse sentido, ela se opõe frontalmente ao avanço do Progresso na medida em que esse coloca em xeque o equilíbrio planetário. Para Jonas, a aproximação desses limites já parecia evidente no final da década de 1970 e início da década de 1980 e dizia respeito a, pelo menos, três aspectos principais: a disponibilidade de alimentação, de matéria-prima e de energia, com suas consequências no campo da poluição ambiental[61]. Jonas, nesse caso, não

[61] N'O *Princípio responsabilidade* (PR, 301) Jonas apresenta quatro desses limites: [1] o problema da alimentação: segundo ele as tecnologias agrícolas baseadas na mecanização, no emprego extensivo de fertilizantes e, hoje, na transgenia, tem levado ao esgotamento dos solos e à poluição das águas, ao desmatamento e ao consequente aumento da temperatura do planeta; [2] o problema das matérias-primas: esgotamento das reservas naturais e, inclusive, consumo dos reservatórios mais profundos, a imensos dispêndios de energia para acessar novas energias, numa corrente cada vez mais autofágica; [3] o problema energético: fontes não-renováveis como os combustíveis fósseis, contribuem para a poluição dos ares

pensa apenas na produção de alimentos (preocupação central de Bloch, como vimos na citação anterior), mas leva em conta o uso extensivo das matérias-primas e da energia (os fertilizantes artificiais, por exemplo, a monocultura, o empobrecimento dos solos, a poluição das águas etc.). O modelo de produção desejado por Bloch, quando pensado para uma população cada vez maior em termos numéricos, exigindo o nível de conforto e lazer supracitados, levaria, por si só, ao colapso do planeta, no que estão incluídos efeitos como a salinidade do solo provocados pela irrigação, a erosão dos solos devido especialmente à ampliação das pastagens e o esgotamento do oxigênio devido ao desmatamento. Aliás, lembra Jonas, os fertilizantes celebrados por Bloch são formas de energia e levam ao problema "do ganho e uso da energia livre no sistema fechado do planeta" (RT, 441). A tudo isso deve-se somar a finitude dos recursos minerais e a crescente dificuldade de consegui-los, o que exigiria acesso a estratos cada vez mais profundos, para os quais se requisitaria ainda mais energia.

Ora, a energia é um problema central para Jonas. Segundo ele, a elevação dos padrões de vida conforme desejados pelo Progresso utópico, envolve "uma multiplicação vertiginosa do consumo de energia planetária, já perigosamente alto em sua atual distribuição desigual" (RT, 442), um problema que não está ligado apenas ao estoque utilizável, mas à obtenção e aos efeitos biosféricos de sua queima em grande escala – queima significa, aqui, liberação de energia no espaço e maior aquecimento, segundo as leis da termodinâmica evocados pelo filósofo:

> Desses efeitos, menciono de passagem apenas o chamado "efeito estufa" da contínua queima imoderada de combustíveis fósseis – talvez impedido apenas por sua exaustão oportuna. Mudanças climáticas catastróficas podem ser causadas pelo aquecimento da atmosfera, com o derretimento das calotas polares etc. Assim, a festa imprudente e feliz dos poucos séculos industriais poderia ser paga

e agravam o aquecimento climático; e as renováveis, por sua vez, como a energia solar e a hidrelétrica, além de insuficientes para o Progresso, são sempre soluções parciais; enquanto a energia nuclear, além de arriscada, também está limitada fisicamente; e [4] o problema térmico: o efeito estufa seria agravado pelo consumo ilimitado e pela extração de matérias primas a níveis tão altos do ponto de vista termodinâmico. Para Jonas, o desenvolvimentismo precisa lidar com esse balanço energético negativo, no qual o processo produtivo consome muito mais energia do que aquela gerada pelo produto, levando ao insustentável divórcio entre o cálculo monetário e o material-energético.

> com milênios de natureza territorial alterada – não injustamente, pelo cálculo cósmico, já que aqueles séculos teriam desperdiçado a herança de milhões de anos da história da vida. Mas mesmo à parte este efeito especial que está ligado à geração de dióxido de carbono por combustíveis orgânicos (assim evitados pela energia nuclear), há um limite térmico final para todos os planos de engrandecimento tecnológico-utópico da condição humana na Terra, qualquer que seja o de transformação de energia é utilizado para o seu funcionamento. No momento, nos preocupamos com o declínio do fornecimento de energia e com os limites existentes ou iminentes. Mas se fosse ilimitado, poderíamos usá-lo impunemente? A resposta é não. (RT, 442)

Jonas é bastante enfático sobre esse ponto, portanto, porque para ele a crise energética é de absoluta relevância quando se trata de pensar o aquecimento do planeta e ela será, sem dúvidas, o grande limite imposto ao Progresso, na medida em que, mesmo com o fim da extração dos recursos esgotáveis como carvão e petróleo, a exploração direta da energia solar haverá de contrariar o segundo princípio da termodinâmica[62]. E nesse ponto vale chamar a atenção para a acuidade da análise jonasiana, formulada muito antes de que as evidências científicas de nosso tempo dessem prova de que tal situação alcançou gravidade inédita. Para Jonas, mesmo que todas as demais questões fossem resolvidas (produção com baixo impacto, uso de fusão nuclear para energia "limpa", despoluição do planeta como um todo), a poluição térmica permaneceria como um "produto final inevitável de todas as transações de energia" (RT, 442), impondo a reflexão sobre o limite do aquecimento da "caixa fechada do nosso ambiente terrestre" (RT, 442). Se toda energia sempre degenera em calor, então qualquer projeto de engenharia (mesmo os mais atuais, da bioengenharia, que incluem inúmeros planos que vão desde espelhos capazes de refletir a luz solar de volta ao espaço até aspersão de partículas capazes de proteger o planeta do calor solar) não passaria de alternativa vã diante da lei inviolável da entropia que está em questão no modelo energético de nossa civilização: "não há recurso diante da segunda lei da termodinâmica" (RT, 442). Nesse caso,

[62] A esse respeito, ver CECHIN (2010), especialmente o subcapítulo intitulado "Teoria do valor energético", cuja obra discute as contribuições de Nicholas Georgescu-Roegen para debate sobre os limites da natureza.

"se não for por falta de energia, a utopia pode fracassar por causa da gula de energia" (RT, 443).

Jonas não deixa de reparar que somente o uso direto da energia solar (ou por meio indireto – vento ou água) poderia representar uma alternativa e evitar tais riscos, mas para ele esse tipo de energia ainda seria insuficiente para abastecer o modelo voraz do Progresso utópico moderno. Seria preciso, antes, mudar o sistema para que esse tipo de energia pudesse ser viável. A saída, então, poderia ser a energia de fusão nuclear, apesar de todos os perigos nela inseridos. Para Jonas, "sua eventual posse pode ser um presente oportuno e muito necessário em nossas circunstâncias" (RT, 443). Ocorre que esse "dom" deveria ser usado "com sabedoria e moderação, com o olhar de responsabilidade global e não de grandiosa esperança global" (RT, 443). Mais uma vez: submetida à lógica da utopia do Progresso, esse tipo de energia continuaria sendo um perigo. Nesse campo, reconhece Jonas, sabemos ainda muito pouco e seria necessário algum tipo de nova ciência capaz de lidar com a "enorme complexidade de interdependências" (RT, 443), que inclua, além do aspecto térmico, a questão do "destino bioquímico do solo e da água", a "economia planetária de oxigênio", entre outras coisas. Para Jonas, a obrigação da responsabilidade no uso dos poderes exige cautela, enquanto não se conhece eventualmente com mais precisão esses dados. Para ele, a "cautela é a melhor parte da bravura e certamente um comando de responsabilidade" (RT, 443). A incerteza nesse campo – que, afinal, pode ser um dado com o qual teremos de lidar daqui em diante – deve conduzir à cautela e, mais ainda, à "modéstia dos objetivos" – algo que se confronta com a "imodéstia da Utopia" (RT, 443).

Nesse ponto Jonas também é enfático: para ele, na medida em que a utopia do Progresso está intimamente associada e depende da abundância material (o "objetivo imodesto *par excellence*" [443]), então ela deve ser abandonada, "não apenas porque, se alcançada, não poderia durar, mas ainda mais porque o caminho nessa direção já leva ao desastre" (RT, 443). É por isso que Jonas apela para a cautela e a modéstia e isso dependeria de uma crítica interna da utopia, que é precisamente o que ele pretende em *Das Prinzip Verantwortung*, pois a condição de um estado utópico é a sua viabilidade física e isso só seria alcançado com "um número suficientemente baixo ou reduzido de humanos!" (RT, 444), algo só possível em uma "ilha dos bem-aventurados", "estabelecida para os poucos escolhidos sobre os cadáveres de incontáveis descartados" (RT, 444). Embora um tal cenário não possa ser atribuído aos "apóstolos da utopia", não se pode deixar de notar que uma tal ideia poderia, muito bem, "seduzir seus depositários autonomeados" (RT, 444)[63]. Tais "fiéis" poderiam, conjectura Jonas, muito bem acreditar que meios "mais extremos' seriam justificáveis quando o que está em jogo é a construção de um novo homem". E eis o perigo extremo: "a fé utópica, se for mais que um sonho (e essa é sua primeira pretensão no realismo marxista), seduz ao fanatismo com toda sua propensão à crueldade" (RT, 444). E aqui, mais uma vez, Jonas adianta o cenário que se abate sobre nós não apenas com o negacionismo, mas com os discursos do ódio e da crueldade que se aninham nos corações seduzidos pelas promessas de um mundo orientado religiosamente pelo fanatismo das utopias:

> o desejo, armado com a força da doutrina, pode colorir a estimativa de fatos e possibilidades; pode interpretar a seu favor a incerteza sempre remanescente dos prognósticos científicos e apostar na margem de ignorância que eles deixam; pode até desacreditar a própria ciência que produz esses prognósticos indesejados como serva do inimigo de classe: a ciência correta – a nossa – lê o texto da realidade de forma diferente. (RT, 444)

Assim, a utopia que não se deixa avaliar criticamente é o primeiro passo do fanatismo e esse, por sua vez, o primeiro horizonte da ignorância que legitima as maiores crueldades em nome de um único modo de ver o mundo – um modo que vira as costas para os dados científicos, dado que a ciência passa a ser vista como ação de um cartel de pessoas mal-intencionadas a serviço da desestabilização das suas crenças. De

[63] Nesse ponto poderíamos nos perguntar até onde os projetos da "elite obscurantista" descrita por Bruno Latour em seu *Onde aterrar?* não estariam, precisamente, articulados com essa tese de que "não há mundo para todo mundo" e, portanto, se não aqui, no planeta Terra, pelo menos em algum lugar artificialmente forjado fora dele, seja possível criar e manter uma "ilha" tal como a descrita por Jonas, deixando para trás os destroços de um mundo ambientalmente destruído e todas as suas vítimas. É possível, ainda mais, imaginar que, por trás da nova corrida espacial (chamada, paradoxalmente, de turismo espacial), esconde-se precisamente essa intenção.

um modo geral, é assim que o cientista é contraposto ao Progresso e, mais ainda, é assim que o eticista ou o bioeticista é contraposto à própria utopia.

Jonas ainda vai adiante: para ele "além dos perigos da fé acrítica, há os da fé decepcionada" (RT, 444), posto que "os perigos do desespero" rondam aqueles que compreendem não apenas o erro do ideal, mas a sua inatingibilidade externa. Uma tal situação se agravaria ainda quanto o ideal que condena o estado atual do homem o levasse a uma sobriedade que ele mesmo acabaria por desprezar, levando a uma descrença generalizada em relação àquilo que a condição do homem atual ainda o capacita a realizar. Em outras palavras, o discurso contra a condição humana atual poderia, afinal, levar ao desespero, na medida em que induz à desvalorização da humanidade, ainda mais se pensamos que, com esse discurso, o homem perde seu "direito inato" herdado da natureza que o gerou – mas que agora ele reconhece como errônea e equivocada, como um "inimigo odioso que nega a sua genuína humanidade" (RT, 444).

A desejabilidade da utopia

Se o primeiro passo abordado por Jonas em sua análise disse respeito à *possibilidade da utopia*, o segundo passo analisado por dele está ligado à *desejabilidade da utopia*. Para o autor, um "escrutínio do próprio ideal utópico" (RT, 445) deve abordar dois aspectos: "seu conteúdo humano positivo, na medida em que é pelo menos esboçado nas profecias, e seu pano de fundo negativo, a saber, a afirmação de que a história passada ainda não deixou aparecer o Homem em sua verdade" (RT, 445). Esse pano de fundo prescreve a ideia de que a "imagem da humanidade" não deve ser forjada a partir do que ela foi no passado ou é no presente, mas a partir de algo "qualitativamente novo" (RT, 445). Pelo menos essa é a lógica e o espírito do "argumento utópico". Jonas, contudo, dedica-se ao primeiro elemento, o que ele chama de "aspecto positivo do ideal" e, para isso, analisa o *Reino da liberdade em Karl Marx*, começando por citar uma frase da III parte de *Das Kapital*: "O reino da liberdade começa realmente apenas no ponto em que cessa o trabalho determinado pela necessidade e pela conveniência externa. Ele reside, portanto, na própria natureza da matéria além da esfera da produção material como tal"[64]. Jonas destaca desse texto as palavras "liberdade" e "trabalho", de tal forma que a primeira liberdade que se deseja no estado utópico é aquela liberdade do "trabalho para fins externos" e, em consequência dela, as demais "liberdades positivas" começam a florescer e afinal, a sociedade humana poderia atingir o "desenvolvimento da riqueza", nas palavras de Marx recuperadas por Jonas.

Esse desenvolvimento [*development*] também reconhecido como "desencadeamento" [*unchaining*] só poderia, como já vimos anteriormente, acontecer no *lazer* entendido como a forma de vida permanente (ou "pelo menos predominante") do Progresso: "trabalho reduzido ao mínimo através da automação, trabalho manual amplamente alterado para funções de supervisão e regulação – estas práticas são vistas por Marx como libertadoras no contexto socialista" (RT, 446), onde – segundo Marx – não haveria nenhuma "sujeição escravizante dos indivíduos à divisão do trabalho" (RT, 446). Jonas reconhece, contudo, que a questão central para Marx é a liberação dos indivíduos para as atividades criativas, científicas e intelectuais, de tal forma que o conhecimento da sociedade seria aumentado na medida em que tais indivíduos pudessem desenvolver-se plenamente. Aqui voltamos aos termos da problemática relação entre o progresso do indivíduo e o Progresso da sociedade: para Marx, segundo Jonas, uma coisa estaria ligada à outra, de tal forma que o meio para que isso acontecesse fosse o avanço da máquina em substituição ao trabalho humano, o encurtamento das despesas e do tempo de dedicação às tarefas. E eis o paradoxo: estaríamos produzindo mais e melhor com as máquinas e, inversamente, teríamos de encontrar atividade para os indivíduos preencherem o seu tempo[65]. O trabalho produtivo, nesse caso, deveria ser ceder a um tipo de trabalho que é "terapêutico" e não "econômico". Haveria, segundo Jonas, a inversão do dístico marxista que rezava "de cada um de acordo com suas habilidades,

[64] Jonas cita: *Das Kapital*, Karl Marx e Friedrich Engels, *Werks*, 39s (Berlin 22 DI Dietz, 1958-68), 25: 828. Note-se que, diferente do que acontece em *Das Prinzip Verantwortung*, onde o nome de Marx perde em importância a Ernest Bloch, nesse texto Jonas vai, por assim dizer, diretamente à fonte.

[65] O que pensar nas máquinas de roubar o tempo – as redes sociais e os smartphones – que traduzem uma ocupação não criativa do tempo, uma entrega embriagada da vida à mera função de passar o dedo sobre uma tela que desfila, uma atrás da outra, as cenas da vida alheia?

a cada um de acordo com suas necessidades" para a nova lógica "de cada um segundo a sua capacidade de sentir necessidade de trabalho, a cada um segundo a necessidade da sua capacidade" (RT, 447). Em outras palavras, o programa social agora não seria o trabalho que atende necessidades, mas a necessidade que oferece possibilidades de trabalho. Tratar-se-ia muito mais do uso do tempo do que da produção em si, portanto. O trabalho seria uma espécie de "commodity" distribuída para o bem geral da sociedade. Esse é um paradoxo que, segundo Jonas, Marx mesmo não deixou de notar, embora sua "fé na riqueza intrínseca da natureza humana, fadada a explodir assim que a liberdade da labuta a tenha retirado, [seja] axiomática" (RT, 447) e ela se revela na "aliança vital do socialismo com o avanço da tecnologia como premissa de sua perspectiva utópica" (RT, 447). O tempo nas mãos do homem não era problema para Marx. Mas ele se tornou, no modelo atual de sociedade, um problema, na medida em que cresce a tendência à especialização (em que o tempo é ocupado com o que é detalhado ao extremo) e essa passa a gerenciar o destino dos indivíduos que participam do "aparato produtivo". Os demais, lembra Jonas, "necessariamente a grande maioria", não está "tão livre" na medida em que se encontra excluída do trabalho útil, um fenômeno em boa parte produzido justamente pela automação.

A idade do lazer

Jonas remete novamente a Ernst Bloch ("o grande mestre e *enfant terrible* do utopismo marxista em nosso século" [448]) para pensar de forma mais concreta o problema do lazer. Para Jonas, o autor de *Das Prinzip Hoffnung* está carregado de uma crença ingênua na utopia, o que se denota de expressões como o "sonho acordado de uma vida perfeita", o "sonho do *regnum humanum*", a "intenção primordial de uma idade de ouro", o "conceito de meta absoluta" com "força motriz final por trás do compromisso marxista" (RT, 448). Além disso, Jonas recupera o que ele chama de "a frase final de sua colossal obra *Das Prinzip Hoffnung*": "algo que brilha na infância de todos e onde ninguém ainda estava: lar" (RT, 448). Isso seria, segundo Jonas, a tradução mais cabal da utopia que orienta o projeto marxista: mais do que ideais como justiça, bondade, compaixão, amor ou cuidado, agora o lazer seria expresso por um tipo supremo de ideal no qual a vida concreta dos indivíduos nesse planeta seria marcada por uma força de tipo universal, cuja premissa básica é a "reconstrução" do planeta para que ele, afinal, se torne um lar [*home*]. Se o planeta é um lugar ruim, então só poderia ser melhorado (transformado em um lar) pela força da tecnologia – embora, como sabemos, é essa mesma tecnologia que vem destruindo o planeta e abrindo um caminho para fora dele.

Jonas cita Bloch para analisar a relação entre sociedade, lazer e trabalho: "desaparecerão as diferenças entre trabalho manual e cerebral, entre cidade e campo, mas sobretudo, na medida do possível, aquelas entre trabalho e lazer" [66] e, além disso, "a sociedade, situando-se além do trabalho, por isso mesmo não terá mais domingos e feriados separados; o *hobby se tornará vocação*... e em um casamento feliz com a mente, os dias de semana desta sociedade serão festivos"[67] (RT, 449). Nenhuma descrição poderia ser mais sedutora. Jonas se concentra no que ele chama de "*hobby como vocação*" (RT, 449, afirmando que essa não é uma mera ociosidade, mas um tipo de "lazer *ativo*", cujo modelo é o que a sociedade burguesa pratica como *hobbies*: "estes são, hoje em dia, diz Bloch, uma fuga da monotonia dos empregos não escolhidos, portanto especialmente difundidos nos Estados Unidos, onde a maioria das pessoas não encontra plenitude em suas ocupações diárias" (RT, 450). O *hobby*, por isso, é uma alternativa a um tipo de trabalho marcado pela monotonia e pelo cansaço (um trabalho não criativo, portanto); no seu lugar, o *hobby* não é simplesmente um não-trabalho, mas um tipo de "trabalho que parece lazer" (RT, 450), ou seja, um trabalho prazeroso e criativo que traz realização plena aos indivíduos.

Sendo uma *vocação*, esse tipo de atividade seria uma "ocupação principal". Resta saber, adverte Jonas, se ele seria psicossocialmente viável pois, para ele, existiriam pelo menos "três custos" bastante importantes: "perda da *espontaneidade* no *hobby* tornando-se dever; perda da *liberdade* em sua necessária supervisão pública; perda da *realidade* em seu caráter

[66] *Das Prinzip Hoffnung*, 1080.

[67] *Das Prinzip Hoffnung*, 1071-1072.

fictício" (RT, 450). Sobre o primeiro ponto, o problema da *espontaneidade*, Jonas acentua o fato de que uma das características mais interessantes do *hobby* genuíno é que ele pode ser realizado sem seriedade, como uma alternativa agradável, mas ele não pode se tornar algo obrigatório, forçoso ou até mesmo útil. Sobre o segundo ponto, o da *liberdade*, Jonas lembra que, transformado em um interesse de tão grande importância, o hobby deveria necessariamente se tornar também uma "preocupação social" na medida em que se torna uma ocupação de tempo integral. O Estado precisaria controlar a sua prática, para evitar que a ociosidade gerasse ilegalidade, pois a automotivação se tornaria insuficiente para tratar de um assunto tão sério. Além disso, o erário público (que paga as despesas) reivindicaria um controle mais específico dos investimentos. Os mesmos que controlam as máquinas, acabariam por controlar também a distribuição dos direitos ao hobby, a ditar o que pode e o que não pode ser feito. Em outras palavras, haveria uma burocratização tal que abafaria a criatividade, o capricho e, finalmente, a liberdade, substituída pela administração do sistema – "com seus conselheiros e supervisores, questionários, testes, perfis psicológicos, verificações periódicas etc." (RT, 451). Para Jonas, assim, "a utopia que doa o lazer deve também governá-lo com mão paternalista" (RT, 451).

O terceiro elemento é o mais problemático, já que a perda da *realidade* também significaria a perda da dignidade humana. Isso porque o hobby seria a instalação de uma "atividade de faz-de-conta" (*make-believe activity*) e, com ela, uma espécie de "*taedium vitae* cuja primeira vítima deve ser o prazer até mesmo no hobby escolhido" (RT, 452). Trata-se de um sentimento de tédio por saber que o que se está fazendo é só uma brincadeira, um estágio de obrigação à felicidade. Jonas, nesse caso, associa Bloch àquilo que Nisbet chamou de "Idade do Lazer":

> O século XX proporcionou a um número sempre crescente de pessoas vivendo aquilo que Denis Gabor, em seu *Inventing the Future*, denominou *A Idade do Lazer*. Existem muitos componentes para essa idade: a redução do número de horas semanais de trabalho, feriados e férias mais longas, aposentadorias antecipadas, maior longevidade, benefícios de previdência social, o desemprego da juventude, um significativo acréscimo de pessoas ricas que, ao contrário

> de seus antepassados, se abstêm de participar política e economicamente da sociedade e assim por diante. Esses grupos tão diversificados têm em comum o lazer, muito mais lazer do que qualquer povo na história já tenha experimentado. Até mesmo Roma, com sua classe governante ociosa e seus pobres que também dispunham de lazer, pois dependiam de 'pão e circo' não pode, mesmo em termos proporcionais, ser comparada a nossa realidade contemporânea. (NISBET, 1985, p. 353)

Nisbet, contudo, identifica – tal como Jonas o faz – nesse processo, o problema do tédio, acentuando a falta de tranquilidade que estaria implícita no Progresso e na prosperidade. Citando o livro de Gabor, que é de 1967, Nisbet afirma que, para o autor, "a Idade do Lazer é muito diferente" e mais grave do que os outros dois problemas ou desafios ("trilemas") identificados por ele – a guerra nuclear e a superpopulação do planeta: "Nada em nossa evolução física ou social preparou a humanidade ou alguns segmentos cruciais da mesma para o lazer. Isto seria impossível devido à necessidade de luta constante pela vida através de toda a evolução das espécies, até muito recentemente. Admitindo que alguns indivíduos aprendam de certa forma a lidar com o lazer, muitos não conseguem fazê-lo." (NISBET, 1985, p. 353). Dessa forma, o lazer se transformaria rapidamente em tédio, dando início a inúmeros problemas psicológicos e existenciais para os quais, segundo Nisbet, "Gabor sugere a possibilidade de alguns programas de condicionamento que, mantidos durante várias gerações, poderiam deter uma herança neurológica de milhões de anos. Mas ele não consegue ser muito convincente, e sua citação do filósofo C. E. M. Joad é muito adequada: 'O trabalho é a única ocupação já inventada que a humanidade tem podido suportar em doses maciças'" (NISBET, 1985, p. 353). Em situações de tédio, a população daria vazão à violência (evocada pelo prazer em fazer sofrer), drogas, sexo pervertido e pornografia, culto ao exótico, desprezo pelas normas, isolamento social e, "como consequência de tudo isto, a inconfundível, embora nem sempre perfeitamente verbalizada, necessidade de algum redentor secular: César, Napoleão ou até mesmo Hitler e Stalin. 'Qualquer' coisa para nos libertar do tédio que hoje em dia vem associado à política, à cultura e à própria vida." (NISBET, 1985, p. 354).

A descrição, nesse caso, não deixa de ser impressionante, embora carregada de um moralismo típico de seu autor. É ele também que lembra que Harlow Shapley, professor de Harvard, teria listado o tédio como uma das (três, numa lista de cinco) catástrofes da civilização ocidental, estando inclusive à frente da catástrofe climática. Além disso, o problema seria tão grave, que Aldous Huxley em *Brave New World*, não deixou de identificá-lo e para ele criar uma droga, o Soma, uma das mais perfeitas tecnologias, "distribuída gratuitamente para todos que sofressem de ataques violentos de tédio ou de ansiedade". Orwell, por sua vez, em *1984*, teria receitado uma "ilimitada distribuição de gin para impedir que as massas sofressem a dor do tédio e para impedir possíveis erupções de revolta" e Anthony Burgess, em seu *1985* "demonstrou recentemente como o futuro pode ser ainda muito pior" (NISBET, 1985, p. 355).

Para Jonas, o lazer também conduz ao tédio e se torna, pouco a pouco, um empecilho para a realização plena dos indivíduos: "nenhuma pessoa séria pode ser feliz em uma vida de pretensão constante e transparente", sobretudo porque "a ficcionalidade da existência deve ser desmoralizante para todos" (RT, 452). Essa ficção trazida pelo *hobby* constante tiraria, além da realidade, também do homem, o sentimento do seu valor, o "que lhe dá dignidade aos seus próprios olhos". Jonas chama isso de um "contentamento da indignidade", na qual se está com o "estômago cheio" mas, ao mesmo tempo, vivendo uma vida ficcional porque orientada o tempo todo pela intenção contida na ideia do hobby. Em termos psicológicos, Jonas ainda acrescenta, a atividade fictícia também significa um grande risco ao ser humano, porque pode levar à anomia e ao desespero tanto quanto à inatividade crônica[68]. Por isso, "aquele que hoje se preocupa com a dignidade do homem deve antes temer do que desejar tal contentamento para as gerações futuras", embora para Jonas, Bloch veja as coisas de forma contrária, porque as preocupações da existência material seriam, por si mesmas, um "insulto à dignidade humana" e o cuidado que alguém dedica a conseguir satisfazer as suas necessidades (o trabalho,

[68] Podemos pensar, aqui, nas vidas inseridas no *metaverso* (ou qualquer outro tipo de "vida digital" secundária) que ocupam seu tempo com "ficções" e perdem a perspectiva da realidade; certamente estaremos diante de um caso específico de perda também da dignidade humana.

portanto), seria por si mesmo abjeto. Toda luta do ser humano pela sua própria existência, todo trabalho para ganhar a vida, seria lamentável, mesquinho e indigno por si mesmo, devendo ser evitado a qualquer custo. Jonas considera que, inexistindo a ideia de necessidade, a própria experiência da liberdade se desgasta e o lema de Marx de que "o reino da liberdade começa onde termina o reino da necessidade" perde todo sentido: "a liberdade vazia, como a força vazia, se anula" (RT, 453). Se desaparece a "seriedade da realidade" que inclui a necessidade, então se esvazia a própria ideia de dignidade do ser humano, que ocorre na relação do real com o necessário. É aí, nessa articulação, que Jonas acredita estar a verdadeira dignidade do ser humano e, por isso, para ele, transformar o "brincar [em] ocupação da vida, longe de liberar a dignidade humana, a exclui" e, por isso, para ele, "*não há nenhum reino de liberdade fora do da necessidade!*" (RT, 453).

Por fim, além daquele "fundo negativo" que leva a um sentimento de falta de valor do homem tal como ele *foi* e é em nome do que ele ainda *não é* e *deveria se tornar*, Jonas acentua sua crítica à "ontologia do ainda-não" e do "ainda por vir". Para o autor, essa esperança escatológica seria refutada pela "simples verdade"

> de que o homem genuíno já está sempre lá e esteve lá ao longo da história conhecida: em suas alturas e suas profundezas, sua grandeza e miséria, sua felicidade e tormento, sua justiça e sua culpa: em suma, em toda a ambiguidade que é inseparável de sua humanidade. Querer abolir essa ambiguidade constitutiva é querer abolir o homem em sua insondável liberdade. Em virtude dessa liberdade e da singularidade de cada uma de suas situações, o homem será, de fato, sempre diferente de todos antes dele, mas nunca mais 'genuíno'. Nunca também isento dos perigos intrínsecos, morais e outros, que pertencem à sua genuinidade. O homem da utopia realmente não ambíguo só pode ser o homúnculo achatado e comportamentalmente condicionado da engenharia psicossocial futurista. Esta é hoje uma das coisas que temos motivos para temer no futuro. (RT, 453)

As palavras, ao mesmo tempo lúcidas e emocionadas de Jonas são uma espécie de homenagem à condição humana e abrem uma crítica severa às teorias melhoristas (entre as quais podemos incluir as transumanistas, que Jonas não cita diretamente, mas que se orientam pelas mesmas perspectivas). Para ele, a esperança utópica não dá nenhuma garantia de contentamento decisivo no futuro, bem ao contrário, é bem possível que também aqui o hobby e o contentamento que ele promete levem a novos desgostos, pois toda felicidade tem também sua parcela de infelicidade. E essa talvez seja, afirma Jonas, "a única certeza que temos sobre o coração humano" (RT, 454).

8

Progresso e melhorismo

Do ponto de vista ético e ontológico, Jonas critica o melhorismo (reconhecido como uma expressão do Progresso) nas páginas mais ácidas de sua obra magna, precisamente naquelas onde analisa a "utopia do Progresso tecnológico" e, mais ainda, a chamada "ontologia do ainda não"[69], cujo representante é Ernest Bloch[70] e para quem, segundo Jonas, o homem "verdadeiro" ainda está por vir e deveria chegar por meio da utopia marxista da sociedade sem classes. Para Jonas, o marxismo seria herdeiro do programa Baconiano na medida em que se alinha às crenças no Progresso em direção à *"utopia do 'homem verdadeiro' [eigentlichen Menschen], o que está por vir"* – título de um dos itens mais relevantes de sua reflexão sobre o tema, ao lado do texto *O contraste negativo do sonho, ou a natureza provisória de toda história precedente.*

Para Jonas, com sua "ontologia do ainda não" [*Ontologie des Noch-Nicht-Seins*], Bloch afirma que "tudo que o homem pode e deve ser não aconteceu até agora" (PR, 337; 1984, 199) e, nesse sentido, abre caminho para a busca do aperfeiçoamento[71], a principal bandeira defendida pelo

---

[69] Capítulos V e VI de *Das Prinzip Verantwortung.*

[70] É conhecida a afirmação do próprio Jonas de que sua obra sobre a responsabilidade deveria ser compreendida como uma resposta crítica à obra de Bloch, *O princípio esperança.* Sobre essa relação ver ZAFRANI, 2014.

[71] O Relatório do governo americano sobre o tema, datado de 2002, considerado um dos marcos da difusão contemporânea do transumanismo em sua versão tecnológica, fala, já em seu título, de "improving" (*Converging Technologies for Improving Human Performance.*

transumanismo. Tal coisa é classificada por Jonas como um "'loucura negativa' dos ideais" [*"negative Folie" des Ideals*] e como uma perda da autenticidade da humanidade [*Uneigentlichkeit allen bisherigen Menschentums*]. A aventura melhorista, em outras palavras, não seria outra coisa do que uma manifestação da "força do negativo" [*Kraft des Negativen*] agindo contra a humanidade passada e presente, com a desculpa de desenhar o homem futuro. Tal homem "mais verdadeiro" seria símbolo, portanto, de um homem "melhor" ou "melhorado", cujo sentido último seria a correção das ambivalências que caracterizam a condição humana enquanto tal:

> Aqui se encontra o erro fundamental de toda ontologia do ainda não ser e do primado da esperança, que nela se baseia. A simples verdade, nem gloriosa nem deprimente, mas que necessita ser respeitada em toda sua inteireza é a de que o "homem verdadeiro" existiu desde sempre com seus altos e baixos, em sua grandeza e em sua mesquinhez, em seu gozo em seu tormento, em sua justificativa e em sua culpa, ou seja, em tudo o que não é separável da sua ambivalência. Tentar eliminá-la significa querer suprir o homem e o caráter insondável da sua liberdade (PR, 343).

Por isso, para Jonas, a esperança de um homem perfeito que ainda está por vir, tem como consequência o esquecimento de um fato importante que caracteriza a humanidade: que ela se reconstrói a cada momento a partir do passado, ou seja, perde-se o passado como fonte

---

Nanotechnology, Biotechnology, Information Technology and Cognitive Science; CT-NBIC); o relatório da União Europeia, de 2004, fala usa o verbo "shaping" (*Converging Technologies – shaping the future of European Societies*); enquanto o relatório do Parlamento Europeu, de 2009, fala em "enhancement" (*Human Enhancement*). Esse último relatório, é bastante explícito: "The umbrella term 'human enhancement' refers to a wide range of existing, emerging and visionary technologies, including pharmaceutical products: neuroimplants that provide replacement sight or other artificial senses, drugs that boost brain power, human germline engineering and existing reproductive technologies, nutritional supplements, new brain stimulation technologies to alleviate suffering and control mood, gene doping in sports, cosmetic surgery, growth hormones for children of short stature, anti-ageing medication, and highly sophisticated prosthetic applications that may provide specialised sensory input or mechanical output. All these technologies signal the blurring of boundaries between restorative therapy and interventions that aim to bring about improvements extending beyond such therapy. As most of them stem from the medical realm, they can boost societal tendencies of medicalisation when increasingly used to treat non-pathological conditions" (2009, p. 6). Todas essas ideias estão resumidas no conceito jonasiano de "melhorismo".

de conhecimento para o homem presente e futuro, algo que seria um prejuízo, já que, para Jonas, "devemos apreender do passado o que é o homem, isto é, o que ele pode ser positiva ou negativamente" (PR, 345). O projeto melhorista, na medida em que se dirige para o futuro, acaba por negar o passado (inclusive o passado biológico) como apenas uma soma de erros, como um rascunho a ser editado[72]. O passado, nesse caso, não tem nada a oferecer e o presente é apenas o terreno para que a nova humanidade possa ser criada, a partir dos desígnios, dos valores e das necessidades dos homens de agora. Dessa forma, o caráter autêntico da humanidade não residiria no passado ou no presente, mas precisa ser construído no futuro, por meios tecnológicos (no caso do transumanismo) ou político-sociais (no caso do marxismo). Em resumo, esse tipo de ontologia, na medida em que está amparada em um "ainda não", torna-se fundada em uma negação[73] da condição passada e atual do ser humano, portanto.

Jonas, nesse ponto, não deixa de perceber a contradição própria dessa tarefa: a falta de um modelo para a reforma. Apoiada em uma "neutralização metafísica do ser humano"[74] [*metaphysische Neutralisierung des Menschen*] (TME, 27), a filosofia e a ciência modernas teriam abandonado qualquer ideia de essência, natureza ou imagem capaz de fornecer um tal modelo para a reforma. Sendo assim, a marca niilista da sociedade contemporânea deixa um vácuo precisamente lá onde obtém mais poder: "agora trememos na nudez de um niilismo no qual o maior dos poderes se une ao maior dos vazios; a maior das capacidades, ao menor dos saberes sobre para que utilizar tal capacidade" (PR, 65). Ocorre que os melhoristas atiram-se à sua tarefa "mesmo na falta de uma concepção do que se espera", ou seja, mesmo não contando com uma imagem ou um modelo capaz de orientar o pretenso melhoramento[75]. Segundo Jonas, eles confiam apenas "na própria 'força

[72] Hauskeller, sobre a edição genética.

[73] Em trabalho anterior discuti a relação entre negação e poder a partir da perspectiva do niilismo na obra de Hans Jonas (OLIVEIRA, 2018).

[74] Essa "neutralização" ocorreria, segundo Jonas, devido às reiteradas críticas ao essencialismo ou mesmo a uma natureza humana ou *imagem* do homem, conceitos amplamente recusados nas ontologias contemporâneas.

[75] Note-se que a ideia de um *melhor*, como adjetivo comparativo, depende sempre de uma comparação, portanto, de um modelo anterior.

do negativo', no poder que a negação possui de fazer nascer algo de si mesma", precisamente na medida em que, o objeto da negação, ou seja, o homem tal como ele foi até agora, deve ser superado – e isso bastaria por si mesmo. Negar o passado se torna assim parte central do impulso reformatório que mobiliza a atitude melhorista. É por isso que Jonas assume essa ideia como um dos pontos centrais de sua crítica à esperança que mobiliza a utopia tecnológica: "a ética da responsabilidade tem ela própria, pois, necessidade de examinar a tese do 'não ainda' para toda a história precedente" (PR, 337). Para Jonas, o homem futuro não pode ser criado *Deus ex maquina*, mas apenas pode ser imaginado a partir do seu passado, ou seja, é no passado que tal imagem do homem deve ser buscada, no que ele foi até aqui, nos seus erros e acertos. E é precisamente isso que não reconhecem os melhoristas, na medida em que acreditam que "tudo o que o homem pode e 'deve' ser não aconteceu até agora, podendo apenas acontecer no futuro" (PR, 337). Para Jonas, por isso, ao invés de produzir o "homem verdadeiro" pretendido, o melhorismo estaria prestes a criar um homúnculo e o que ele chama de revolução não é outra coisa que uma "revolução negadora" (PR, 337).

Hans Jonas afirma que seu interesse é saber se, caso fosse alcançado, em que medida um tal indivíduo representaria o "homem verdadeiro" e sob que condições tal "Ser verdadeiro" seria alcançado. Para isso ele analisa a equação proposta por Bloch, segundo a qual "S ainda não é P" [*S is noch nicht P*], ou seja, o "sujeito ainda não é o seu predicado" (PR, 338). Em termos transumanistas isso poderia significar: o homem que tem emoções ou que não tem controle sobre elas *ainda não é* um homem verdadeiro; um homem que sofre, envelhece e morre *ainda não é* um homem verdadeiro; um homem que esquece ou que não tem altíssima performance intelectual *ainda não é* um homem verdadeiro; e coisas desse tipo. Jonas poderia mesmo questionar uma das teses comuns entre os transumanistas[76], para quem S teria um dever moral de se tornar P, de tal forma que enquanto isso não acontecer, "ele não é ele mesmo (este é seu 'não')", já que "pulsa em S um desejo dessa realização em

[76] BOSTROM, 2011; PERSSON & SAVULESCU, 2017; HARRIS, 2007; BUCHANAN, 2009. Para melhor compreensão do tema do transumanismo, indico o livro que tive a honra de organizar com meu amigo Wendell Evangelista Lopes Soares (OLIVEIRA; SOARES, 2020).

si – desse P – ou seja, existe aí uma teleologia secreta (daí o sonho, com o seu 'sim')" (PR, 339).

Tudo ocorre como se o melhoramento estivesse contido como obrigação moral e fizesse parte mesmo da constituição ontológica do homem, que deve aplicar sobre si mesmo todas as suas energias com o fim de melhorar a si mesmo. Tal coisa seria, para Jonas, nada mais do que o sintoma de um descontentamento e de uma insatisfação (próprias daquela situação existencial que ele descrevera como niilista, no texto *Gnosticim, nihilism and Existencialism*), de tal forma que a atividade criadora teria se tornado, como sugeriu, ademais, o próprio Heidegger por meio da interpretação do conceito nietzschiano de "vontade de poder" como vontade técnica, a sua principal e única tarefa. Assim, considerando-se inacabado, o homem revela-se insatisfeito consigo mesmo e impõe sobre si aquilo que lhe restou em termos de autoafirmação depois da morte de Deus e da consequente crise dos valores supremos: o poder da tecnologia. Ele mesmo, nesse caso, reduz a sua própria condição a apenas uma *ocasião* para o exercício desse poder, anulando inclusive qualquer capacidade ética ou moral. O insatisfeito quer tornar-se o que ele não é e, para Jonas, tal "não" é a sua atividade criadora, o único benefício de sua estrutura, a sua única potencialidade – uma "potencialidade aberta ao novo, ao que nunca foi" (PR, 339) a partir de uma recusa do que *foi* ou do que é.

O homem nascido desse projeto, perderia precisamente aquilo que Jonas considera o núcleo básico da responsabilidade: a sua autenticidade, que deveria ser considerada, no limite, como a capacidade de ser responsável. Adestrado às regras que lhe foram imputadas do exterior, os homúnculos daí nascidos estariam muito mais próximos de robôs do que de humanos e o pretenso humanismo que funda o transumanismo encontraria sua contradição mais relevante: "o verdadeiro homem utópico, que se tornaria unívoco, só poderia ser o homúnculo da futurologia social-tecnológica, vergonhosamente condicionado para se comportar e se sentir bem, adestrado no seu âmago para submeter-se às regras" (PR, 343). O erro onto-antropológico da utopia é não reconhecer que o homem, com as suas falhas e os seus acertos, tal como ele existiu até hoje, já foi a realização plena e autêntica do que o homem é e que tudo o que ele há de ser depende desse passado. Isso porque, a sua presença no mundo é sempre, por si mesma, uma "*presença problemática*"[77] (PR, 344), cujo sentido último é a sua própria vulnerabilidade[78], acompanhada da liberdade que ele conquista como transcendência em relação ao mundo. Por isso, a crítica da utopia implicava uma crítica da tecnologia, na antecipação de suas possibilidades extremas" (PR, 349). É nesses termos que Jonas fala do erro antropológico da utopia: o não reconhecimento da "abertura para 'ou isso, ou aquilo'", ou seja, para o exercício da liberdade que, para ele, "não pode ser ultrapassada na direção de uma claridade sem sombras" ou de uma "existência sem alienação" própria dos discursos perfeccionistas que alimentam o imaginário transumanista. Para isso seria necessário uma "ausência de situação" (PR, 344) e isso é impossível – pelo menos ainda. Por isso, é preciso reconhecer o passado como fonte de aprendizagem e "renunciar à ideia de que haja uma 'natureza' definida para o homem" (PR, 345), na medida em que mesmo essa busca embriagada do Progresso desmedido não traduziria outra coisa senão precisamente a crença nessa ideia. Para Jonas, os discursos de melhoramento (que também são de aperfeiçoamento, portanto), esquecem que a ambiguidade moral do homem o leva tanto aos facínoras da história quanto aos santos: "deveríamos renunciar à ideia de uma 'riqueza' da natureza humana, sonolenta, disponível, que só necessita ser liberada ('desatada') para então se mostrar, graças à sua natureza" (PR, 345).

Eis, em resumo, a proposta transumanista: "desatar" essa natureza aprisionada que se voltaria contra a própria natureza para elevar o ser humano acima dele mesmo. E sobre isso Jonas é enfático: não significa que o homem não deva buscar melhores condições de vida, mas isso deve ser feito sempre nos limites do que ele chama de *bonnum humanum* (PR, 346), ou seja, sem o "engodo da utopia", que promete o *melhor* sem

[77] Algumas passagens a seguir foram traduzidas diretamente da versão original de Jonas em alemão, dado que a tradução inglesa de 1984 deixou de lado os últimos cinco itens desse capítulo, precisamente: "o erro antropológico da utopia"; "o passado como fonte do conhecimento sobre o homem"; "a 'natureza' do homem aberta ao bem e ao mal"; "melhora das condições sem o engodo da utopia"; e "o fim em si de todo presente histórico".

[78] Tibaldeo & Becchi destacaram o fato de que o transumanismo e mesmo o pós-humanismo não dedicaram a necessária atenção à questão da vulnerabilidade da vida: "specie il pensiero transumanistico e alcune tendenze inerenti al postumanismo e allo 'human enhancement' sembrano condividere un generalizzato rifiuto della vulnerabilità in quanto carattere distintivo dell'essere umano" (2016, 246).

ter conhecimento do que ele significa. Para o filósofo, "'as melhores circunstâncias' não são tão fáceis de ser evidenciadas quanto as circunstâncias negativas" e qualquer reivindicação de liberdade (como é o caso da tecnologia, que reivindica liberdade absoluta para o fazer) não pode esquecer de seu potencial enigmático e, portanto, perigoso. Em outras palavras, o puro melhoramento ou a utopia radical que projeta apenas condições positivas no futuro não passariam de um engodo travestido de "otimismo inclemente"[79].

A crítica tecnocientífica (e bioética) do melhorismo

Tendo-lhe destituído de qualquer ideia de imagem, essência ou natureza (consequentemente, de seu valor) e, com isso, transformado o homem em um mero objeto tecnológico, o ser humano é descoberto como o mais recente campo de experimentação das biotecnologias e, assim, a fronteira mais recente sobre a qual atua a ilusão do Progresso. Jonas formula sua crítica a essa questão já no primeiro capítulo de *Das Prinzip Verantwortung*, precisamente no item intitulado *O homem como objeto da técnica*, no qual ele trata de três aspectos do problema: o prolongamento da vida, o controle de comportamento e a manipulação genética (três das principais promessas melhoristas do transumanismo, portanto). Nesse texto, contudo, Jonas dá preferência à análise ética e não aprofunda a análise *bioética*, o que é feito em *Technik, Medizin und Ethik*, cujo subtítulo evidencia que seu conteúdo é, na verdade, um desenvolvimento das questões levantadas na obra de 1979: *sobre a aplicação do princípio responsabilidade*. Ora, depois de apresentar o seu projeto de uma filosofia da tecnologia nos primeiros capítulos da obra, Jonas examina o novo papel da ética em sua relação com a medicina a partir de temas bastante práticos e complexos, como os experimentos com seres humanos, a engenharia

[79] Na nota n. 12 da página 346 Jonas cita Dostoievski para esclarecer esse conceito, mostrando como na vida real não estamos no extremo de decidir quem é mais misericordioso, Cristo ou o Grande Inquisidor. É da "mistura precária de ambos" que nascem as escolhas humanas. Por isso, para ele, "uma confiança utópica no homem futuro, de par com uma desconfiança em relação ao homem atual, conduz ao que chamamos de um 'otimismo inclemente'".

biológica, a clonagem, a redefinição do conceito de morte, os transplantes de órgãos, os nascimentos *in vitro* etc.

Como membro-fundador do *The Hastings Center*, Jonas havia se interessado em tais assuntos e se tornado uma referência no debate sobre bioética[80]. Para ele, que conhecia os horrores dos experimentos

---

[80] Hans Jonas usou apenas uma vez, de forma bastante rápida, a palavra *bioética* em sua obra. O termo teria sido criado em 1927 por Fritz Jahr (*Bio-Ethik. Eine Umschau über die ethischen Beziehung des Menschen zu Tier und Pflanze*; "Kosmos", XXIV, 2, 1927) e difundido por Van Rensseler Potter, para quem a bioética deveria ser considerada como "a ciência da sobrevivência" (*Bioethics, the Science of Survival*; "Perspectives in Biology and Medicine", 14, 1970, 127-153), incluindo não apenas os problemas estritos da área de ciências da saúde (como conhecemos hoje e cujo destaque público foi produzido especialmente pelos julgamentos dos crimes nazistas em Nuremberg e cujas preocupações são retomadas novamente com o avanço das biotecnologias na década de 1970-80), mas também das ciências ligadas ao ambiente natural, do equilíbrio do sistema e de respeito à evolução biológica (*cf.* RISIO, 2009). Eis o que fica claro no título do livro de Potter publicado em 1971, *Bioethics: Bridge to The Future:* a bioética deveria ser uma ponte entre o mundo biológico e as ciências humanas (especialmente a ética), entre a tecnologia e a reflexão sobre os valores. Nesse sentido, a presença de Jonas entre os "pais da bioética" não é nada estranha, já que sua obra está entre os grandes esforços para pensar os problemas da ação humana no campo da medicina, da biologia e da ecologia. Risio sugere que a ausência da palavra *bioética* na obra de Jonas se deva ao fato de que tal palavra ainda não estava em uso no cenário intelectual alemão, língua na qual os livros de 1979 e 1985 foram publicados. Tal argumento, contudo, parece frágil quando consideramos que vários dos artigos que formam *Tecnik, Medizin und Ethik* foram escritos em inglês e publicados nos Estados Unidos. Vale lembrar ainda que a primeira *Encyclopedia of Bioethics* foi publicada em 1978 (New York: The Free Press; 1978) pelo *Center for Bioethics* do *Kennedy Institute*, fundado em 1971 pela família Kennedy como *The Joseph and Rose Kennedy Institute for the Study of Human Reprodution and Bioethics.* Vale lembrar que em novembro de 1971, Hans Jonas participou de uma audiência consultiva do Congresso dos Estados Unidos que avaliava as implicações éticas, sociais e legais das pesquisas na área da biomedicina e da tecnologia. O evento reuniu políticos, médicos, biólogos e profissionais da tecnologia envolvidos na discussão em torno da relação entre saúde, ciência e direitos humanos. Durante a audiência, o então senador Edward Kennedy acentuou os avanços da medicina moderna e o seu potencial de mudança nos rumos da vida humana afirmando que ela teria aberto, afinal, "a caixa de Pandora dos assuntos éticos, sociais e legais" (1972, 5; expressão também usada por Jonas [2013, 226]). Na pauta do dia estavam assuntos como "transplante de coração, rins artificiais, bebês de proveta, intervenção genética e experimento com seres humanos". A análise ética desses temas exigia um olhar transdisciplinar, conforme acentuou o senador de Minnesota, Walter F. Mondale, ao indicar a importância de se discutir publicamente o assunto: segundo ele, nesse debate "cientistas e leigos, eticistas e advogados, filósofos e administradores, médicos profissionais e humanistas, todos têm algo a contribuir e a aprender com o outro" (1972, 13). Em seu pronunciamento, Jonas apoiou as políticas de prevenção e as preocupações antecipatórias que pretendem "saber em tempo adequado o que nós estamos prestes a fazer" (1972, 119). Segundo ele, antecipar-se às consequências é agir com responsabilidade diante dos iminentes riscos trazidos pelas biotecnologias. Afirmando que o preço pago pela posteridade deveria ser "levado em conta contra as pressões da hora", Jonas contrapôs, em seu discurso, a reivindicação da liberdade da ciência à imprescindível responsabilidade diante das intervenções no âmbito da vida. E

humanos praticados nos campos de concentração, era importante colocar sob vigilância ética os novos procedimentos, em um tempo em que as regras para o uso dos novos poderes ainda não estavam formuladas. Para o autor, com esses novos poderes, "estaríamos abrindo a caixa de Pandora da aventura melhorista [*melioristischer*], estocástica [*stochastischer*], inventiva [*erfinderischer*], ou da simples aventura perversamente inquisitiva, deixando para trás o espírito conservativo dos reparos genéticos e embarcando no caminho da arrogância criadora" (TME, 132).

Em outras palavras, tratava-se do abandono das terapias de cura (cujo objetivo era devolver um organismo ao seu estado natural) em vista das terapias de melhoramento (cuja intenção é inserir nos organismos poderes postiços ou aumentar significativamente a performance dos já existentes). Jonas afirma que, diante dessa estratégia, não estaríamos "autorizados nem equipados para tal – nem com a sabedoria, nem com o conhecimento valorativo, nem com a autodisciplina", embora já dispomos dos aparatos técnicos necessários para uma tal tarefa. Sua perspectiva é clara diante do que ele chama de "graves reparos que pesam na balança da decisão": "nenhuma antiga reverência pode ainda nos proteger, nós desencantadores do mundo, do feitiço de ultrajes frívolos" e, por isso, "seria melhor, então, deixar a caixa [de Pandora] fechada" (TME, 132). A posição de Jonas, nesse caso, é bastante contundente e, mais uma vez, não tem nenhum tom tecnofóbico: o problema seria, antes, a grandiosidade dos poderes e a ausência de valores capazes de orientar tais atividades e a necessária parcimônia na sua aquisição e no seu uso.

---

mais: apresentou a responsabilidade como um complemento necessário da liberdade ao declarar que "o momento da liberdade, o momento da deliberação responsável, é agora" (1972, 120). Dessa forma, bem antes da publicação de sua obra magna, *O princípio responsabilidade* (1979), portanto, Jonas já tem formulada uma das bases centrais de sua proposta ética: a liberdade do agir exige um tipo de responsabilidade que chega com a antecipação dos possíveis danos e resulta na criação de normas que sirvam de orientação para a biotecnologia. Isso significa que, para o filósofo, as legislações da bioética são produto de um ato pleno de liberdade que reside não em uma entrega total e ilimitada ao *fazer*, mas à recusa do poder em nome da responsabilidade: "determinar o limite das fronteiras será um ato de sabedoria" porque não se trata simplesmente de negar o *fazer*, ou seja, de proibir a tecnologia, mas de estabelecer "quão longe poderemos ir e onde deveremos parar" (1972, 120). Diante dos senadores norte-americanos, Jonas analisou os novos poderes a partir de três elementos: controle de comportamento, extensão da longevidade e manipulação genética, os mesmos que serão apresentados mais tarde no primeiro capítulo de *O princípio responsabilidade*.

O tema do melhorismo aparece especialmente no capítulo 6 de *Technik, Medizin und Ethik*, que trata precisamente do *Serviço do Progresso* médico: sobre os experimentos com sujeitos humanos (como se sabe, um dos textos mais conhecidos de Jonas sobre o tema)[81]. Para o autor, o melhoramento se tornou uma espécie de desejo permanente da sociedade contemporânea, um fruto tardio da crença no Progresso difundida ao longo da Modernidade: "já não só esperamos da sociedade direito, ordem e proteção de nossa segurança, mas *melhoria* ativa e constante [*active and constant improvement; aktive und ständige Verbesserung*] em todas as áreas da vida: tanto freando a natureza quanto acrescentando e incrementando as possibilidades de satisfação humana... em outras palavras: promovendo o *Progresso*" (TME,78). Para Jonas, "em nenhum lugar o objetivo melhorista [*melioristic goal*] é mais inerente à essência do caso do que na medicina"[82], já que desde sempre se reconheceu que "curar [*to cure*], ou seja, melhorar [*improve*] o paciente" é parte da profissão do médico e mesmo "a melhoria [*improving*] da sua capacidade de curar é uma parte integrante de *sua* obrigação" (TME, 79). Assim, o melhoramento se tornou "um mandato oficial, permanente e institucionalizado do organismo político" (TME, 78) de tal forma que a investigação e

[81] Publicado originalmente como "*Philosophical Reflections on Experiments with Human Subjects*" (Daedalus, 98/2, 1969). Uma versão revisada, com comentários de Arthur J. Dyck foi publicada em 1970 como "Experimentation with Human Subjects" (Paul A. Freund [ed.], New York: Braziller, 1970) e ainda outra versão publicada no *Journal of The American Academy of Arts and Sciences* (Boston, Mass. Spring, 1969), como "*Ethical Aspects of Experimentation with Human Subjects*". Em alemão, o texto foi publicado como "*Philosophische Betrachtungen über Versuche an menschlichen Subjekten*" (W. Doerr et al. [eds.], Recht und Ethik inder Medizin, Berlim, Springer, 1982) e como "*Im Diese des medizinischen Fortschritts: Über Veersuche an menschlichen Subjkten*" (Suhrkamp, 1985). O artigo também faz parte de *Philosophical Essays: From Ancient Creed To Technological Man* (Englewood Cliffs, N.J.: Prentice-Hall, 1974). É o próprio Hans Jonas quem explica o contexto da produção desse artigo, que obteve grande repercussão entre os médicos, bioeticistas e interessados no debate sobre bioética: "A Academia Americana de Artes e Ciências convidou-me a participar de uma conferência sobre os Aspectos Éticos da Experimentação com Sujeitos Humanos, patrocinada pela revista acadêmica Daedalus e pelos Institutos Nacionais de Saúde. A conferência teve lugar de 26 a 28 de Setembro de 1968, em Boston, Massachusetts, e todos os artigos foram subsequentemente publicados na Daedalus. Uma conferência anterior com o mesmo título e sob os mesmos auspícios está documentada em *Proceedings of the Conference on the Ethical Aspects of Experimentation on Human Subjects,* 3-4 de Novembro de 1967 (Boston)."

[82] Tal afirmação abre o item 8 do texto, cujo título em inglês é *The Melioristic Goal, Medical Research, and Individual Duty* (em alemão *Meliorismus, medizinische Forschung und individuelle Pflicht*).

os experimentos com seres humanos passaram a ser de interesse social imediato e urgente, já que, no caso da medicina, levando-se em conta que seu Progresso ocorre sempre com experimentos e que seu "objeto" é a vida humana, a experimentação com indivíduos vivos reais, se apresenta como necessária para o Progresso – o que anula qualquer ideia de neutralidade ética.

Transumanismo e Progresso

Jonas acredita que "exceto quando a situação atual é insuportável, o objetivo melhorista não é necessário: é facultativo" e isso "não só do ponto de vista do presente", já que "nossos descendentes têm direito a que lhes leguemos um planeta não saqueado; não têm direito a novas curas milagrosas" (TME, 79). Para ele, ao contrário do que pensam os transumanistas, o Progresso melhorístico não é uma obrigação de nossa geração e sequer um direito das próximas e, sendo assim, quando ele colocar em risco a vida, pode ser facilmente descartado. Para o filósofo, o Progresso dever ser compreendido como um "objetivo facultativo e que especialmente seu ritmo, por mais urgente que tenha se tornado do ponto de vista histórico-fático, não tem nada de sagrado" (TME, 89) e nem mesmo de inquestionável, pois os dados os riscos contidos em tal atividade, a lentidão e a parcimônia deveriam ser incentivadas, dado que a erosão da nossa herança genética poderia representar um prejuízo muito maior que "deixaria sem valor a posse de seus mais deslumbrantes êxitos". Assim, longe de defender o cancelamento do Progresso, Jonas se faz um defensor da prudência e da paciência (alternativas à pressa e à embriaguez que ele identifica como combustíveis da ação tecnológica): "com todo nosso esforço para arrancar à mortalidade o máximo que possamos, devemos saber levar seu peso com paciência e dignidade" (TME, 89).

Jonas volta ao assunto no capítulo sobre a clonagem humana (cap. 8) e no capítulo seguinte, que trata das técnicas biogenéticas e do papel criador do ser humano (cap. 9), nos quais analisa a novidade trazida pelas biotecnologias. Para ele, as biotecnologias devem ser classificadas não só quanto aos seus "modos de execução", mas "em função de seus fins", de acordo com os quais "deve-se distinguir entre arte genética *protetiva*, *melhorista* e *criadora* – uma gradação para a ousadia dos fins, valendo também para os métodos" (TME, 105). Segundo o autor, "avançaremos, portanto, de formas mais fracas a formas mais fortes de manipulação, que correspondem a intenções mais modestas ou mais ambiciosas". Nesse sentido, o transumanismo estaria, certamente, entre as atividades mais audaciosas, porque amparada na ideia de criação de uma forma humana melhorada a partir de uma atividade criadora. É precisamente por isso que esse é um tema que, como poucos, desafia a "meditação filosófica" (TME, 124), na medida em que o trabalho das mãos humanas ganha, literalmente, vida própria: "a criação planejada de novas formas de vida pela intervenção direta na planta hereditária molecularmente codificada de espécies dadas" e que Jonas chama de "evolução artificialmente direcionada e acelerada", segundo a qual "a seleção deliberada ocupa o lugar da mecânica de seleção atuando de maneira estatística e lenta na natureza e possibilita que venham a existir formas completamente distintas das que a natureza permitiria" (TME, 125).

Jonas, contudo, não deixa de notar que, mesmo nas atividades criadoras de micróbios, gametas e zigotos, "é ainda a natureza que fornece o material da seleção", embora, com as novas técnicas, já não seja apenas esse o caso. Isso explica porque ele se refere a "manipulação" ou a "cirurgia" genética nesses casos, em referência aos rearranjos do DNA por meio da biologia nuclear. Jonas, nesse ponto, estava muito bem informado e seus textos recolhem o que havia de novidade na sua época em termos de biotecnologia – novidades que estavam, lembre-se, a serviço do "progresso médico" e que exigiam reflexões éticas também novas. Para o filósofo, a ambiguidade dos poderes deve ser levada em conta, principalmente quando a aparente arte médica promete nos salvar do mero acaso: "o acaso do processo sexual é tanto uma bênção insubstituível tal como um fardo inevitável de nossa sina, e sua imprevisibilidade ainda merece mais confiança do que nossas efêmeras opções desejadas" (TME, 130).

Do ponto de vista tecnocientífico, portanto, Jonas passa a analisar as consequências da engenharia genética em sua aplicação para fins de melhoramento. Um dos textos mais evocativos sobre o assunto forma o capítulo 7 dos *Ensaios filosóficos*, lançado em 1974, cujo sugestivo título é *Engenharia biológica, uma previsão.* O texto, que é produto de uma conferência realizada na Universidade de Chicago, Jonas analisa os potenciais tecnológicos das engenharias e afirma que eles dizem respeito à ética: "o controle biológico do homem, especialmente o controle genético, levanta questões éticas de um tipo totalmente novo, para as quais nem a práxis anterior nem o pensamento precedente nos preparou" (EF, 233). E mais: "uma vez que nada menos do que a própria natureza e a imagem de homem estão em jogo, a prudência se torna ela própria nosso primeiro dever ético, e o pensar hipotético, nossa primeira responsabilidade" (EF, 233).

Em sua reflexão sobre a natureza própria da engenharia biológica, Jonas resume sua posição em oito pontos centrais: [1] fabricação: na engenharia de equipamento ou de matéria-morta, "construção e produção seguem do início ao fim a partir de elementos primários até o produto final, juntando-os completamente a partir de partes independentes" (EF, 235), enquanto a engenharia biológica tenta alterar estruturas já dadas, "cuja realidade e tipo são o dado primário"; [2] procedimento: enquanto na engenharia a regra é que o criador seja o "único agente *vis-à-vis*" diante de um material passivo, na engenharia biológica, o agente é um coagente e não raro um "autoatuante", sendo ele mesmo um "automovente" sobre o qual atua o poder de intervenção; [3] previsibilidade: na engenharia de equipamentos, "o número de 'incógnitas' é praticamente nulo", enquanto na engenharia biológica assume-se uma tarefa aventurosamente indefinida, dada a "complexidade dos determinantes dados com sua dinâmica autônoma" (EF, 236), aumentando exponencialmente as suas incógnitas; [4] relação entre experimento e ação real: são inseparáveis no campo da biologia, na qual nenhum modelo pode ser usado ou mesmo descartado, se não já como uma realidade já dada, pois são as vidas dos indivíduos e de populações inteiras já dadas que podem ser afetadas durante o próprio experimento, que "é um ato real, e o ato real é um experimento" (EF, 237); [5] relação entre reversibilidade e irreversibilidade: ao contrário do que ocorre na construção mecânica, "é uma propriedade peculiar do orgânico que suas modificações sejam irreversíveis" (EF, 237), o que tiraria da bioengenharia a possibilidade de corrigir seus erros, "os acidentes inevitáveis das intervenções genéticas, com as falhas, as aberrações, as monstruosidades"

(EF, 237); [6] geração e hereditariedade: a engenharia biológica é capaz de inserir novos determinantes na sequência genética cujos efeitos "irão, primeiro, aparecer na próxima geração e, depois, se autopropagar pelas gerações seguintes" (EF, 238); [7] poder: é celebrado no campo da biotecnologia como "o controle iminente do homem sobre sua própria evolução" (EF, 238), embora seja necessário perguntar que poder é esse e a quem ele pertence – um poder "do vivente sobre a posteridade", um poder "unilateral e concentrado nas mãos de poucos, sem o recurso de um poder compensatório da parte dos que sofrerão a ação, pois eles são os resultados e, seja como for, eles irão executar a lei inserida em seu ser pelo poder que governou seu vir-a-ser" (EF, 239); [8] objetivos: na engenharia tradicional podem ser definidos previamente com certa facilidade, no que diz respeito à sua utilidade, mas que se complica no campo humano – "Quais são então *suas* metas?", pergunta Jonas. "Certamente não se trata de criar o homem – ele já existe. Criar homens melhores? Mas qual é o parâmetro do melhor? Homens mais adaptados? Mas mais adaptados para o quê? Super-homens? Mas como sabermos o que é 'super'?" (EF, 240).

Desse ponto de vista, Hans Jonas deixa claro como o Progresso no âmbito da medicina, da biotecnologia e, mais especificamente, da engenharia genética, deve passar pelo crivo da ética da responsabilidade por ele proposta.

9

Um estilo de vida perdulário

O afã do Progresso é resultado, segundo Hans Jonas, da ascensão de um "estilo de vida perdulário" (PR, 245) que foi incentivado por uma crença equivocada que uniu o conforto à ideia de felicidade, com o preço da destruição da natureza. Voltando ao tema da relação entre os dois sistemas econômicos vigentes na segunda metade do século XX, Jonas afirma que o marxismo teria uma vantagem sobre o capitalismo quando se trata de enfrentar esse problema do estilo de vida: ele estaria mais preparado para a era de sacrifícios, dada a sua forte ascese e a sua moral pública, na qual é aconselhado como bem supremo o "viver pela coletividade e por ela se sacrificar" (PR, 245). É isso o que faz com que "um espírito de frugalidade" se mantenha no mundo socialista, segundo Jonas, cultivado pessoalmente pelas suas lideranças. Tal coisa, no geral, permanece "estranho à sociedade capitalista" (PR, 245), na medida em que esta prioriza o lucro e a vantagem pessoal. Para Jonas, por isso, "as características ascéticas são traços intrínsecos da disciplina socialista" (PR, 245) algo que seria de "grande utilidade nessa época que se avizinha, na qual se exigirão de nós grandes esforços e sacrifícios" (PR, 245). E mais: dada que a sua história é mais recente, talvez seja mais fácil convencer os adeptos do socialismo de uma "frugalidade imposta globalmente" (PR, 246), que exigirá "passar sem grande transtorno da ascese a serviço da riqueza futura para uma ascese a serviço da prevenção contra uma pobreza ainda maior" (PR, 246), associada à crise ambiental.

No caso do capitalismo, embora o *espírito de frugalidade* tenha sido presente de alguma forma nos seus começos (Jonas se refere à ideia de economia e de poupança), ele teria desaparecido de forma decisiva, dando lugar ao *espírito da abundância*. Mesmo assim, não há garantias de que o socialismo seja capaz de superar a "tentação do êxito", precisamente no momento em que tal coisa começa a ser alcançada pelos países *em desenvolvimento*. Por isso, Jonas desconfia dessa possibilidade. Para ele, o rebaixamento de algum nível de vida das populações em proveito da proteção ambiental e a defesa da natureza está entre as pautas mais difíceis e mais problemáticas da história humana. Ele cita o exemplo de Rússia e China como "inconclusivos" – mais de quarenta anos depois, podemos dizer que as suas desconfianças estavam certas e que tais países não foram capazes de fazer o que precisava ser feito (ou o que poderiam fazer) em defesa da natureza. Na verdade Jonas mantém uma esperança desconfiada, por assim dizer, em relação a esses "dois gigantes": "embora dispostos a grandes sacrifícios em proveito de um futuro melhor para si, estariam igualmente dispostos a sacrificar seu bem-estar em prol de outras partes do mundo, levando-se em conta a magnitude planetária da problemática e a desigualdade territorial da riqueza natural?" (PR, 246). Por isso, embora Jonas reconheça as vantagens dos Estados socialistas, ele afirma que a prática desses Estados "até agora não mostra nenhum indício de que, em uma situação crítica, esteja mais livre do egoísmo nacional do que outros tipos de regime" (PR, 246). Desse ponto de vista, o socialismo não soube aproveitar a sua vantagem, portanto.

Para Jonas, tanto o capitalismo quanto o socialismo foram sequestrados pela crença no Progresso e nenhum dos dois seria capaz de resistir aos seus percalços e enfrentar criticamente os seus prejuízos. Seria preciso, para isso, fazer algo que parece impossível no atual momento da história: transformar o "entusiasmo pela utopia" em um "entusiasmo pela austeridade". Esse seria o grande desafio político dos nossos tempos, portanto: trocar o Progresso pela frugalidade, a utopia pela austeridade. No caso do capitalismo, o grande empecilho para essa mudança é o exacerbado hedonismo "que lhe foi incutido graças ao estilo de vida afluente" (PR, 246). Substituir o desejo pela abundância pela ideia de uma humanidade que deve economizar, seria uma espécie de "uso impróprio" do entusiasmo com a utopia, algo que, afinal, geraria uma "falsa consciência" e uma "mistificação das massas" que Jonas acaba por descartar como possibilidade, embora ele reconheça que talvez a "mentira nobre" de Platão "seja a única alternativa oferecida pela política" e poderia contribuir para "adotar o 'princípio do temor' sob o disfarce do 'princípio da esperança'" (PR, 247). A questão aqui, em outras palavras, é usar o entusiasmo da utopia para legitimar os sacrifícios necessários, com a pretensa expectativa de que eles seriam apenas temporários.

Jonas não deixa dúvida sobre isso ao afirmar a preferência por uma "verdadeira consciência" (PR, 247) orientada por um "idealismo público capaz de, voluntariamente, aceitar sacrifícios em prol das gerações futuras dos seus descendentes e também em prol dos contemporâneos sofredores de outros povos" (PR, 247). A questão é, nesse caso, de cunho estritamente político (Jonas fala da necessidade de um "novo Maquiavel"), que demanda a entrega da palavra aos especialistas da ciência política. Da parte dos filósofos, resta acreditar na possiblidade de que o ser humano, em seu "insondável mistério" (PR, 247) ainda seja capaz de coisas grandiosas como essa. Nesse caso, seria preciso recorrer a um tipo de "esperança", considerada em um "sentido diferente, em parte mais modesto, em parte mais grandioso" (PR, 247) – embora do ponto de vista empírico haja poucos motivos, lamenta Jonas, para que tal perspectiva seja ainda viável. Jonas tem claro que sua "reflexão teórica" (PR, 253) está longe das demandas práticas da política, mas ela é levada a cabo devido à urgência de se "descobrir como evitar uma catástrofe gradual para a humanidade" (PR, 253). Nesse ponto, a teoria mostra o que a prática precisa resolver: como equilibrar o impulso do Progresso que mobiliza as classes sociais? Como resolver o impasse entre os ricos – "se forem forçados a rebaixar seu nível de vida" – e os pobres – "caso sua ascensão seja barrada" (PR, 253)? Eis o dilema no qual fomos inseridos devido à crença no Progresso como única alternativa: de um lado, aqueles que não querem abrir mão de suas benesses, do outro, aqueles que querem conquistá-las a todo custo. O que falta – mais uma vez – é uma crítica da própria ideia de Progresso que orienta esse tipo de estilo de vida considerado como o único possível. Hoje sabemos que isso exige, sobretudo, o reconhecimento dos saberes e dos modos de vida das chamadas comunidades tradicionais, que resistem ao avanço desse tipo de Progresso predatório.

Para Jonas, enquanto a tendência do Progresso e o crescimento econômico puderem ainda acompanhar (estando pelo menos ligeiramente acima) o crescimento populacional, é possível que os desejos de ricos e pobres sejam mais ou menos satisfeitos (no caso do socialismo, especialmente, isso significaria "distribuir as parcelas desse incremento entre todos" [PR, 253]). A continuidade do Progresso, nesse caso, nos moldes socialistas, seria essencial para o atendimento emergencial capaz de tirar da miséria "grande parte do mundo", enquanto o sonho de uma "redistribuição mundial da riqueza" não seja sequer imaginado. Além disso, Jonas levanta a hipótese de um certo esgotamento da expansão econômica em escala mundial: segundo ele, "o processo global tende à paralisação e nas partes mais privilegiadas do mundo até mesmo à contração" (PR, 254). Como se sabe, tal hipótese não se concretizou até agora; muito ao contrário.

Em resumo, podemos afirmar que o problema do Progresso está ligado ao avanço do que Jonas chama de "ideal baconiano" ou de "programa baconiano" (PR, 235), descrito como a dimensão teórica que tem legitimado o avanço da civilização técnico-industrial e descrito pelo autor como a tarefa de "colocar o saber a serviço da dominação da natureza e utilizá-la para melhorar a sorte da humanidade" (PR, 235). Para Jonas, o caso é grave na medida em que a necessária racionalidade e retidão desse processo fora, substituídas pela "dinâmica do êxito", por uma embriaguez que levou aos "excessos de produção e de consumo" (PR, 235) em um tão breve período de tempo. É essa história de êxitos do Progresso que tem nos levado à beira da catástrofe: "a ameaça de catástrofe do ideal baconiano de dominação da natureza por meio da técnica reside, portanto, na magnitude do seu êxito" (PR, 235), que teria dois aspectos, um econômico e outro biológico. Do ponto de vista econômico, esse êxito se revelou na produção de bens, na elevação do bem-estar social, na redução do tempo de trabalho e a um aumento da exploração da natureza. Do ponto de vista biológico, ele se revelou no "aumento numérico desse mesmo corpo coletivo metabolizante", ou seja, no crescimento populacional exponencial. Os dois juntos, portanto, tornaram-se um problema que nos aproxima da catástrofe: muita gente no mundo e, além disso, muita gente vivendo um estilo de vida perdulário, insustentável para todos. Para Jonas, "uma população estática poderia em determinado momento dizer: 'Basta!' Mas uma população crescente obriga-se a dizer: 'Mais!'" (PR, 236). Nesse sentido, o êxito biológico coloca em xeque o êxito econômico e o banquete da abundância contrasta cada vez mais com as mesas da miséria. Além disso, essa conjugação acaba por nos colocar diante do colapso geral da natureza, o que seria uma catástrofe para a humanidade como um todo. A explosão demográfica associada ao estilo de vida predatório da natureza levaria a uma "pilhagem cada vez mais brutal do planeta, até que este diga a última palavra, não mais consentindo em sua superexploração" (PR, 236).

Poder sobre o poder

Para Jonas, esse problema inclui um paradoxo: o novo poder passa a exigir sempre mais poder para ser controlado. Mas não um poder simplesmente tecnológico, mas extratecnológico: para ele é preciso superar a "impotente capacidade de pôr um freio ao Progresso contínuo, cujo caráter destrutivo, cada vez mais evidente, ameaça o homem e sua obra" (PR, 236). Isso demandaria um "poder sobre o poder" (PR, 237), nos termos de um poder ético capaz de orientar o poder técnico. O poder engendrado pelo saber como parte do programa baconiano exige, portanto, um novo tipo de saber, um saber de cunho moral. Nesse caso, conforme vimos anteriormente, é preciso que o Progresso tecnológico não apenas dê espaço para o surgimento de um progresso moral da humanidade, como se deixe controlar por ele, em vista da preservação das condições da vida. O poder autônomo da técnica, na medida em que passou a representar uma ameaça e a conter uma perspectiva apocalíptica, deve se abrir ao horizonte da ética: "torna-se necessário agora, a menos que seja a própria catástrofe que nos imponha um limite, um poder sobre o poder – a superação da impotência em relação à compulsão do poder que se nutre de si mesmo na medida de seu exercício" (PR, 237). Em outras palavras, se o exercício do poder acabou por se transformar na principal "missão" do ser humano, que encontra nesse exercício da razão o sentido de sua própria vida (como resposta à perda do sentido deixado pela morte de Deus), então agora trata-se de retomar outro valor e outra potência, precisamente aquela que faz do homem não apenas um ser de valor, mas também um ser que valora, ou seja, um ser cujo valor está no poder de estabelecer valores.

Para Jonas, o poder de "primeiro grau" (exploração do mundo que parecia inesgotável) se transformou em um "poder de segundo grau" ("que foge a todo controle do seu usuário") e, por causa disso, passou a exigir um poder de "terceiro grau", "capaz de autolimitar a dominação que arrasta o condutor, antes que este se estraçalhe de encontro aos limites da natureza" (PR, 237). Trata-se de resgatar o poder sobre o poder, ou seja, evitar que aquele poder de segundo grau continue entregue a si mesmo (já que é, afinal, um poder "que não mais pertence ao homem, mas ao próprio poder, que dita as regras de seu uso ao seu suposto usuário" [PR, 237]). A ética seria a única possibilidade de que a humanidade recolocasse o poder da tecnologia a serviço da proteção da vida, salvando a humanidade da catástrofe produzida por um poder que não se orienta mais pelos valores, entre os quais o maior seria a preservação da própria humanidade. Como temos visto até aqui, um tal poder, de força ética, começaria por uma análise crítica do próprio sentido da ideia de Progresso.

Note-se que Jonas evoca, portanto, a necessidade de um maior controle do poder por meio de um poder de terceiro grau capaz de controlar o afã autônomo e tirânico da tecnologia. A fonte desse novo poder não é outra, afirma Jonas, que a própria sociedade. Ora, dado que o modelo capitalista não oferece muitas chances de que isso venha a se efetivar, Jonas volta seus olhos – intencionalmente – para o modelo marxista, a fim de verificar os seus potenciais para esse novo tipo de controle, acreditando que esse modelo político estaria mais preparado para a era de sacrifícios, conforme já vimos anteriormente. Para Jonas, "é muito mais difícil imaginar como o Ocidente capitalista poderia realizar tal coisa" (PR, 237) que exige um "máximo de disciplina social", que seja "politicamente imposta" (dado que a boa vontade geral não seria mais suficiente ou eficaz) e que submeta as "vantagens do presente aos imperativos de longo prazo no futuro" (PR, 238). O marxismo, contudo, na medida em que professa sua crença no Progresso e no melhorismo ("que ele compartilha com a tendência dominante da Modernidade"

[PR, 238]), também se encontraria em uma encruzilhada. De qualquer forma, note-se que o sentido da crítica de Jonas ao marxismo não tem outra motivação que a análise de uma alternativa que parece, de antemão, a única viável. Não se trata, portanto, de uma crítica pela crítica, ou seja, de uma crítica negativa, que pretende simplesmente mostrar os lados obscuros de suas propostas políticas e econômicas. Antes, a crítica tem como intenção fazer o que o marxismo mesmo deveria fazer: uma crítica interna do seu próprio ideal. É como se a posição de Jonas, nesse caso, fosse *desde dentro*:

> A promessa de prosperidade da utopia marxista é em si um importante impulso não para frear esse tipo de Progresso, mas para acelerá-lo. Se estivéssemos diante de um regime socialista que já não contivesse a esperança escatológica característica do marxismo, ou seja, não contivesse a promessa de que este é o caminho para alcançar o estado de felicidade perfeita para a humanidade, então tal socialismo desencantado constituiria o melhor pressuposto para colocar modestamente a tecnologia ao serviço do presente e do futuro. (PM, 167).

A análise de Hans Jonas, por isso, começa com a pergunta sobre "como aquela ética que buscamos [capaz de impor um poder sobre o poder], orientada para os deveres do futuro, relaciona-se com o ideal progressista" (PR, 238). Em outras palavras, é possível que uma ética apoiada nos ideais do Progresso possa realmente nos salvar da catástrofe final? Depois de tudo o que vimos até aqui, já sabemos que não. Seria preciso, por isso, livrar o marxismo do próprio ideal baconiano ao qual ele se atrelou, como "escatologia ativa" (PR, 239).

Um sonho falso

Como vimos até aqui, Hans Jonas articula a sua crítica ao Progresso aos discursos utópicos e, para isso, precisa analisar as promessas de bem-estar e as ameaças que elas representam no que diz respeito à finitude dos bens naturais. Para ele, essa problemática se articula em torno do "perigo psicológico" (PR, 265) representado precisamente pela ideia de Progresso e sua articulação com o problema do crescimento. Para Jonas, para que o bem-estar geral da humanidade continue crescendo, seria necessário que os países desenvolvidos se abstivessem de sua parte de Progresso, em benefício dos países subdesenvolvidos – embora, nesse caso, "a margem é mínima" (PR, 265), tanto quanto a chance de que isso seja feito de forma satisfatória e pacífica. Além disso, Jonas acredita que mesmo a "redistribuição implacável" das riquezas existentes e disponíveis no mundo hoje não seria suficiente para que a fome e a miséria fossem eliminadas do planeta. E se caso isso viesse a ocorrer, nunca seria suficiente, pois o sucesso da empreitada induziria a novos avanços em todas as direções, para maior benefício da humanidade. Em outras palavras, o que está em jogo, sempre, é a ideia de que é preciso continuar crescendo. O problema é que "a magia da utopia" aponta sempre para um *mais* e nunca para um *menos*. E isso, a longo prazo, deixará de ser apenas uma advertência para se tornar uma catástrofe. Na verdade, Jonas acredita que "a advertência em relação a um mal maior no futuro não seria somente a política mais verdadeira, mas também a mais efetiva" (PR, 265), na medida em que contribuiria para uma mudança na direção de uma maior responsabilidade.

Aqui, duas questões se sobressaem: a primeira é o papel psicológico do catastrofismo na obra de Jonas, muito ligado ao conceito de heurística do temor e à ideia de um "mal maior no futuro" (já desenvolvidos anteriormente), ou seja, à possibilidade real de que a catástrofe venha a ocorrer[83] ou que ela já esteja ocorrendo, quase sem alarde, por

[83] Como já vimos, para LARRÈRE; LARRÈRE (2020), o catastrofismo é politicamente inócuo, embora seja necessário reconhecer a urgência do problema ambiental e mesmo a impossibilidade que o crescimento ilimitado seja possível diante de um mundo finito. Partindo de uma crítica às teses da colapsologia (neologismo criado por Servigne e Steven para expressar uma espécie de exercício transdisciplinar de estudo do "colapso de nossa civilização industrial, e o que poderia sucedê-lo, embasado nos dois modos cognitivos da razão e da intuição, e nos trabalhos científicos reconhecidos" [2015, 253]), os autores afirmam que esse é um pensamento contra-positivo, na medida em que não tem base científica ou política, afinal o futuro é sempre um campo aberto. Nesse caso, a colapsologia não passaria mesmo de uma impostura. Jean-Pierre Dupuy (2002), contudo, afirma que o destino apocalíptico da humanidade já é um fato e que o pior já aconteceu, embora nos recusemos a ver o perigo que nos afeta diariamente. Por isso, seria necessária não apenas uma teoria do risco, mas uma teoria da catástrofe que a trate pelo que ela é, ou seja, algo já se realizando no cotidiano da humanidade por meio da crise ambiental. Em seu livro de 2021 ele reuniu ensaios que articulam essa temática com o sentimento de catástrofe trazido pela Pandemia de Covid-19, que ele caracteriza como uma "catástrofe anunciada" (2021, p. 9). Fabre (2015), por sua vez, fala de uma pedagogia da catástrofe: amparado na

meio da crise ambiental que se tornou um problema cotidiano (diferente da catástrofe atômica, por exemplo); e, segunda, a ideia de que a advertência seria politicamente efetiva e que, nesse caso, ela deveria combater a crença de um crescimento ilimitado. Em especial essa segunda perspectiva torna Jonas um dos grandes críticos do crescimento econômico, na medida em que, para ele, a natureza não poderia sustentar os índice de crescimento para todas as mais de (hoje) oito bilhões de pessoas do planeta, sendo necessário, nesse caso, escolher entre duas alternativas: a mudança no estilo de vida geral, que passaria por uma crítica do Progresso nos termos que debatemos aqui; a criação de uma "ilha de bem-aventurados" ou "escolhidos" para viver em estado geral de bem-estar, deixando para trás o grande número de miseráveis de todo tipo[84]. Jonas, obviamente, alia-se à primeira perspectiva, afirmando que "em vez do crescimento, a palavra de ordem será a contração" (PR, 265), algo que se torna tanto mais difícil quanto mais formos influenciados pelo ideal das utopias – e é essa a "periculosidade" psicológica das utopias e é precisamente isso que impediria que o marxismo se tornasse uma alternativa viável (ele precisaria abrir mão, precisamente, daquilo que mais o caracteriza, ou seja, o ideal utópico), embora seja necessário reconhecer um "valor psicológico da utopia, ao inspirar enormes

---

afirmação de Paul Ricoeur ("preparar as pessoas para entrar neste universo problemático parece-me ser a tarefa do educador moderno"), Fabre trata da necessidade de "domesticar o futuro" por meio dos processos de investigação que tentem adiantá-lo problematicamente, algo que seria, para ele, o papel central da educação diante da crise ambiental.

[84] Esse é, hoje, uma das acusações feitas às teses do longoprazismo/largoprazismo (a ideia de que o largo prazo do futuro tem um valor moral equivalente ao presente) que, segundo alguns de seus críticos, equivaleria a abandonar os problemas sociais do presente em nome de uma ilha futura de bem-aventurados, afinal a prioridade moral do futuro acabaria por relegar os problemas sociais do presente ao segundo plano da ação ética e política. O termo longoprazismo (ou, em inglês ***longtermism***) foi cunhado em 2017 pelos filósofos William MacAskill (2020) e Toby Ord (2020), inspirados pelas ideias do futurista e transumanista Nick Bostrom, no contexto do *Future of Humanity Institute*, da Universidade de Oxford. Para esses autores, o futuro ganha importância porque agora, diferente do que ocorreu no passado, podemos influenciar diretamente o futuro, seja por meio da tecnologia (que coloca em risco a existência mesma da vida no futuro) seja por meio do Progresso que essa tecnologia representa em termos de previsão e de capacidade de evitar efeitos negativos das ações do presente. Tratar-se-ia, afinal, de influenciar positivamente esse futuro, portanto, por meio da tecnologia (não por acaso as ideias de Bostrom estão nas bases do movimento e entre seus adeptos está Elon Musk, por exemplo). O movimento afirma a importância das vidas das pessoas no futuro (pensado em termos de milhares de anos ou muito mais do que isso) no mesmo patamar daquelas que vivem no presente e que isso depende da nossa responsabilidade.

massas a ações e sacrifícios" (PR, 266). Tal ambiguidade exige, então, que se pergunte sobre "o valor real da utopia: o que se perderá com o seu abandono e o que talvez se ganhará" (PR, 266). Se a utopia for apenas "um sonho falso", então trocá-la por algo mais próximo de uma *verdade* poderia ser útil, embora seja necessário reconhecer que, como um "mito", a utopia "produz milagres" (PR, 266). Eis a sua ambiguidade. Mas é precisamente em nome dessa mesma ambiguidade que se torna necessário "renunciar à ilusão" e ao próprio "fascínio da promessa" que torna ingênua e ao mesmo tempo perigosa a missão das utopias que devem, antes, dar lugar ao "medo altruísta, em vez da esperança altruísta" (PR, 266). Algo que deve orientar a missão dos dirigentes políticos, que têm a tarefa superior da proteção e da garantia. Para Jonas, é necessário que tais dirigentes assumam a obrigação da "verdade da utopia", a fim de livrá-la do perigo da ingenuidade: "para os dirigentes, a questão mais importante é a *justeza intrínseca* da verdade do ideal, e com isso a legitimidade da sua existência como tal" (PR, 266). A liberdade moral e política indispensável para que o problema da crise ambiental seja enfrentado exige essa atitude crítica, portanto, diante da utopia.

O abandono das posições ingênuas e perigosas torna-se imperioso para que as decisões políticas necessárias em vista da proteção da vida sejam tomadas. Jonas, contudo, tem consciência de que "não cabe à Filosofia, e sim à arte da política, refletir sobre como se comunicará à opinião pública a decepcionante verdade" (PR, 266). Tal consideração não só evidencia a tarefa própria da política (levar a verdade ao grande público que pode, mesmo, decepcionar os ouvidos utópicos), mas também e sobretudo, assinala as tarefas próprias da Filosofia (criticar o mito da utopia – e do Progresso). Diante de uma tal afirmação, Jonas esclarece a sua própria posição sobre as tarefas específicas da Filosofia e da Política – a conexão entre as duas, sua tarefa comum e, também, suas diferenças específicas. Nesse caso, o filósofo recupera a vocação do *logos* em sua crítica ao mito – uma das tarefas primordiais da Filosofia –, voltando à questão da verdade, que ele evoca como contrapartida à ilusão da utopia, sua perspectiva visionária e futurista. Na busca pela verdade, portanto, a Filosofia se encontra novamente em seu terreno e é nele que ela constata que o ideal do Progresso contrasta frontalmente com os limites materiais da natureza, que são as suas premissas.

10

Progresso com precaução

Pelo que foi exposto até aqui, poderíamos nos perguntar qual é, afinal, a posição de Jonas sobre as medidas políticas e econômicas contra a desigualdade social, que são parte da agenda que ele acaba por criticar. Jonas teria fechado os olhos, afinal, para as benesses do Progresso e da utopia? Ao finalizar o seu texto de 1981, ele deixa clara a sua posição: "no que diz respeito à tão necessária melhoria das condições de vida de grande parte ou de toda a humanidade, é vitalmente necessário desvincular as exigências da justiça, da caridade e da razão da isca da utopia" (RT, 454). Em outras palavras, trata-se de não ser nem otimista e nem pessimista, mas realista, diz Jonas e isso significa não se deixar intoxicar pelas "expectativas excessivas" – cujo preço também é excessivo – que fazem parte de um "milenarismo secular, 'totalitário' por natureza" (RT, 454). E para isso, dado que a tecnologia é o grande instrumento, ela também precisa dessa higienização dos ideais utópicos, para evitar que o seu papel escatológico e ímpeto tecnológico mundial da civilização moderna acabem por se tornar, também, ameaças apocalípticas. É por isso que, para Jonas, "a crítica da utopia é implicitamente uma crítica da tecnologia na antecipação de suas possibilidades extremas" (RT, 454).

Na verdade, olhando para os efeitos da embriaguez do Progresso tecnológico seja sobre a condição humana (especialmente no que tange à sua dignidade) seja sobre o meio ambiente, há mais "motivo de medo do que de esperança" (RT, 454) – tal como nos lembram os autores distópicos (Jonas cita expressamente Aldous Huxley) que acabam por criticar as efervescências otimistas que moldam o caráter das utopias por meio do Progresso tecnológico. É preciso substituir essa "ética da perfectibilidade" por uma "mais severa ética da responsabilidade", que não seja "desprovida de esperança", mas que não esqueça de dar ao medo "o seu devido lugar". Uma tal ética teria como foco central "a veneração pela imagem do homem, transformando-se em trêmula preocupação por sua vulnerabilidade" (RT, 455). Essa ética, por isso, teria como objetivo contrapor a modéstia dos objetivos à imodéstia prometeica que tem orientado o afã do Progresso. Nesse ponto, Jonas é mais uma vez enérgico: "as luzes de advertência de vários limites estão se acendendo" e , por isso, "o tempo para a corrida precipitada do Progresso acabou, embora não, claro, para o Progresso cauteloso" (RT, 455). Ao falar em uma cautela para o Progresso, Jonas não apenas reivindica um tipo de Progresso que seja submetido aos preceitos da ética da responsabilidade, que pede modéstia, mas também assume que algum tipo de Progresso é possível e que, para isso, é preciso retirar também o Progresso (tal como a tecnologia que o apoia) das raias da utopia. Só assim poderemos assumir a tarefa cósmica que nos cabe nesse período da história: "preservar a integridade da essência humana, o que implica a de seu ambiente natural" e garantir que essa tarefa não seja atrofiada pelos "perigos do tempo", especialmente pelos "perigos de seus [da utopia do Progresso tecnológico] próprios atos superpoderosos" (RT, 455). Isso não seria uma outra grande utopia?, poderíamos nos perguntar. Jonas responde de forma parcimoniosa: "isso não é uma meta utópica, mas, afinal, não é tampouco uma meta modesta, pois implica a responsabilidade pelo futuro do homem na terra" (RT, 455).

Ao tratar da questão energética como um dos pontos fulcrais do Progresso tecnológico associado à ideia de crescimento econômico ilimitado, Jonas adverte que sua posição não deveria ser interpretada como se ele desaconselhasse "o desenvolvimento da fusão nuclear para fins pacíficos" (PR, 306). A posição de Jonas nesse ponto é um bom exemplo de sua posição geral sobre a tecnologia e mesmo sobre o Progresso: ao afirmar sobre a energia nuclear que "esse seria um presente muito bem-vindo e dependeria de nós que ele não se transformasse em um presente envenenado" (PR, 306), Jonas demonstra que o problema, mais uma vez, não é a tecnologia em si, mas o seu descontrole, ou seja, a ausência da ética. Por isso, no caso do Progresso, Jonas fala em um "Progresso com precaução" (PR, 306), afirmando que "nada do que dissemos antes deveria ser compreendido como um desestímulo a esse ou a qualquer outro progresso técnico, apenas de constituir um tema recorrente, para nós, o perigo de que esses poderes caiam nas mãos da avidez e da mesquinharia humanas (e mesmo da miséria humana!)" (PR, 307). O apelo de Jonas é para a sabedoria e a moderação no uso dos poderes e sobre a responsabilidade global que eles representam, sob a sombra de sua própria esperança planetária. Tal tipo de sabedoria, afirma, deveria começar por uma noção clara dos limites entre o que seria "natural" e os "patamares críticos" do poder, algo que se torna muito problemático quando pensamos, em termos ecológicos, na "enorme complexidade das interdependências" que exigem uma "nova ciência" (PR, 307) capaz de fazer "projeções seguras" e medir a "irreversibilidade" dos fatos. Nesses termos, para Jonas, "a prudência será a melhor parte da coragem e certamente um imperativo da responsabilidade", levando-se em conta que "a incerteza poderá ser o nosso destino permanente" (PR, 307) a partir da agora.

Modéstia dos fins

Dessa forma, Jonas contrapõe "a modéstia dos fins" ao "excesso da utopia", demonstrando como o problema do estilo de vida dos (então) 4,2 bilhões de habitantes do planeta (hoje mais de 8 bilhões, como sabemos) se opõe frontalmente à capacidade da natureza em suportar esse excesso. Para ele, seria preciso que a população mundial se estabilizasse demograficamente o mais cedo possível ("e por meios pacíficos!") de tal forma que alcançasse o "crescimento zero", algo que, segundo ele, seria "duas ou três vezes a [cifra] atual, alcançada no fim da próxima geração ou das duas gerações seguintes" (PR, 307). Mas isso por si só não bastaria: seria preciso que a humanidade do futuro não mais imitasse o estilo de vida daquela "minoria mundial esbanjadora" (PR, 308). Do ponto de vista energético, um estilo de vida satisfatório dependeria também da oferta de uma fonte de energia que satisfizesse a demanda desde que permanecesse livre dos usos embriagados ou dos "fins desmesurados", que poderiam tornar a bênção um fardo pesado demais. Para Jonas, sendo a energia atômica "o maior dos avanços práticos da ciência em toda a história da física" (PR, 308) ela pode nos conduzir tanto à salvação quanto ao aniquilamento. É por isso que a voz da utopia deve dar lugar à "voz da prudência", embora essa tenha mais dificuldade em ser ouvida devido à "grandiloquência" do poder tecnológico. O "apelo a fins modestos', de qualquer forma, deve fazer parte imediata do discurso e das práticas sociais.

Nesse ponto, podemos dizer que Jonas se aproxima das teses preservacionistas, porque acredita que a prudência e a responsabilidade, como produtos da crítica da utopia, conduzem a uma crítica da ideia de humanização ou reconstrução da natureza, comuns nos discursos utópicos. Para ele, isso não passaria de subjugação para fins de exploração. Em seu lugar, Jonas fala de uma vida frugal e de uma experiência com a natureza que retoma a vida selvagem: "os maiores parques naturais e reservas de vida selvagem do mundo, aqueles dos Estados Unidos, deveriam ser um exemplo imitado" (PR, 336) e isso implicaria "viajar para bem longe de onde vivem os homens" ou pelo menos, pensar em novos modelos urbanos, que incluíssem "cinturões verdes, parques e pequenos jardins operários, inteiramente protegidos das grandes fábricas, bem como das empresas agrícolas do campo 'real'", embora uma tal "decoração de cenário" não seja possível em uma "natureza aberta", o que colocaria em xeque a própria ideia da liberdade humana – um preço muito alto, portanto. A descrição de Jonas é ao mesmo tempo lúdica e angustiada:

> Na exploração diversificada da pequena agricultura ainda se intercalam com os diversos cultivos os campos de batata, as hortas, os pastos, os pomares e as reservas florestais, os lagos e os galinheiros ao lado das casas, constituindo uma paisagem mais acolhedora e natural, apesar do caráter artificial das formas de cultivo e criação. Mas a monotonia dos mares de trigo, como no caso do meio-oeste norte-americano, percorridos por colheitadeiras solitárias e fumigados com pesticidas pelos aviões, oferece tão pouca "pátria" como natureza (com muito menos sociabilidade) quanto uma grande fábrica pode oferecer como cultura. Aqui, a "sobrenaturalização" está em

pleno curso e mostra-se como desnaturalização. "Humanização" da natureza? Ao contrário, alienação não só de si própria, mas também dos seres humanos. E ainda mais se passamos do exemplo vegetal para o animal, com as fábricas de criação de galinhas e ovos, que hoje abastecem os supermercados e diante dos quais o galinheiro camponês, com os seus galos, mais parecia um jardim zoológico! O aviltamento final de organismos dotados de sentido e de movimento, sensíveis e exuberantes, transformados em máquinas poedeiras e fornecedoras de carne, desprovidas de meio ambiente, encerradas por toda vida, artificialmente iluminadas e automaticamente alimentadas, não tem nada a ver com a natureza. (...) O mesmo se deveria dizer das prisões de engorda para a produção de carne de vaca, e assim por diante. Até o ato sexual foi substituído pelo processo de inseminação artificial. É assim que se mostra "a reconstrução da natureza" *in concreto* e *in praxi*! Não há nada a encontrar aí em termos de amor à natureza. Nada a apreender sobre a riqueza e a delicadeza da vida. Entram em férias a admiração, o respeito e a curiosidade.

Em outras palavras, esse é o retrato do mundo produzido pelo projeto de uma "reconstrução da natureza" (PR, 334), defendida pelo Progresso nos moldes da utopia marxista. Como alternativa, Jonas não vê outra coisa senão apelar para um Progresso precavido, que garanta amplas áreas de proteção e, mais ainda, de preservação ambiental. Não por acaso, Jonas encerra sua obra de 1979 afirmando que "a proteção do patrimônio em sua exigência de permanecer semelhante ao que ele é, ou seja, protegê-lo da degradação, é tarefa de cada minuto" (PR, 353).

Freios voluntários e frugalidade

A reflexão de Jonas sobre a urgência ética de impor limites ao Progresso pode ser resumida na proposta de uma filosofia prática: de um lado é preciso impor "freios voluntários" [*freiwilligen Haltes*] (PR, 21; TME, 100) para o avanço dos poderes tecnológicos e, de outro, promover uma vida frugal. As duas perspectivas são respostas à embriaguez do Progresso tecnológico e sua sanha de ir sempre além: com freios que lhe sejam autoimpostos e com um apelo para a mudança de vida (o que é também uma crítica ao estilo de vida levado a cabo pela sociedade moderna como o único viável), seria possível pensar em consequências da responsabilidade em termos práticos, de um lado questionando o próprio avanço do poder e, de outro, criticando a fonte ou combustível do Progresso, ou seja, a demanda crescente da sociedade de consumo. Trata-se de reconhecer que "um mero sonho de consumo, seja vulgar ou refinado, é questionável em si mesmo" (RT, 412).

Com isso, podemos afirmar que a ética jonasiana caminha na direção contrária àquela das utopias do Progresso tecnológico, que teriam fechado os olhos para o fato de que os recursos naturais são esgotáveis e finitos. Para Jonas, assumir a responsabilidade significa assumir "uma nova *modéstia* nas metas, nas expectativas e no modo de vida" e fazer da "*frugalidade* em nossos hábitos de consumo", da parcimônia, da contenção, da continência e da temperança os valores centrais das realizações humanas (TME, 77). Em nome da garantia do futuro da humanidade, todas as práticas de consumo baseadas no excesso e na imoderação deveriam dar lugar a um estilo de vida mais contido, próprio de uma era de sacrifícios, como aquela que advirá do agravamento da situação ecológica. Jonas tem ciência de que é fácil falar de moderação em tempos de escassez e mais difícil em tempos (como aqueles nos quais ele vivia, nos Estados Unidos dos anos 1980, por exemplo), em que a abundância de acesso se somava à facilidade de acesso aos bens de consumo. Por isso, "dada a enorme dimensão do que está em jogo" (TME, 76), Jonas apela para a precaução, reconhecida por ele como uma "virtude superior" (TME, 76) que está associada a um "dever diário" (TME, 76), ou seja, cotidiano, cujo dístico, diante da incerteza dos efeitos da ação em suas novas dimensões no espaço e no tempo, deve ser *in dubio pro malo* ("em caso de dúvida, dar ouvidos ao pior diagnóstico e não ao melhor; porque as apostas se tornaram demasiado elevadas para arriscar" [TME, 76]).

Sendo assim, na prática, o novo estilo de vida deveria ser fundamentado em uma nova atitude diante do consumo e mesmo da produção, do uso e das descobertas dos poderes – a frugalidade, nesse caso, é também um apelo à própria tecnologia, por meio da ideia de "freios voluntários" que deveriam orientar o seu uso e mesmo a sua conquista. Para Jonas, tal exigência nasce de uma "zona de perigo" na qual já estamos, "onde a modéstia já não é só uma precaução previsora, mas clara urgência" (TME, 77). Esse novo modo de vida é a única alternativa capaz de evitar o pior. Jonas é contundente: "Para deter o saque, o empobrecimento das espécies e a contaminação do planeta que estão avançando a olhos vistos, para prevenir um esgotamento de suas reservas, inclusive uma mudança insana no clima mundial causada pelo homem, é necessária uma nova *frugalidade* em nossos hábitos de consumo" (TME, 77). É a simplicidade, reconhecida como controle e precaução, virtudes de cunho aristotélico recuperadas por Jonas, que deveriam orientar esse novo estilo de vida: "continência (*continentia*) e temperança (*temperantia*) foram, durante longas épocas no Ocidente, virtudes obrigatórias da pessoa, e a 'gula' está escrita com maiúsculas no catálogo eclesiástico de vícios" (TME, 77). Ocorre que isso foi alterado pelo sistema capitalista moderno, que tornou a gula um valor, em detrimento da parcimônia e da autonegação. Ora, o estilo de vida do homem contemporâneo é baseado no descontrole de seus impulsos e necessidades, na indisposição para os sacrifícios que uma vida frugal exige. Para Jonas, é essa frugalidade que se tornou exigida com vistas não simplesmente a uma ascese pessoal, mas com vistas à "preservação de nossa morada terrena, sendo, portanto, uma faceta da ética da responsabilidade para com o futuro" (TME, 77). Se o consumismo favorece a gula ("colaboradora necessária e meritória na marcha da moderna sociedade industrial", transformada em virtude e, inclusive, como "dever socioeconômico"), a responsabilidade evoca a parcimônia e a contenção, irmãs gêmeas da frugalidade.

Jonas se pergunta sobre como efetivar essa exigência em tempos de incontinência. Para ele, haveria dois caminhos: "o consenso voluntário e a coação legal" (TME, 78). O primeiro tem a ver com o apelo de "mudança de consciência", o segundo, com a efetivação de impedimentos legais (e políticos, portanto), capazes de constranger o cidadão em benefício da preservação da natureza. A lei seria o contorno de uma constrição que a consciência não foi capaz de realizar. Para Jonas, o consenso voluntário "de longe é preferível", embora ele pense que essa tomada de consciência "já não pode contar com o poder da religião", dependendo totalmente do *costume*, reconhecido como uma espécie de vergonha diante dos pares pela infração das leis – num tempo em que "a moderna vertigem do consumo tem em si algo de desavergonhado" (TME, 78). Jonas, nesse ponto, mostra-se pessimista: "Confesso que não sou otimista em relação a semelhante reforma dos costumes" em favor de um estilo de vida baseado na frugalidade. Mas ele também é pessimista quando se trata da segunda alternativa, já que a democracia, "dominada por interesses e circunstâncias atuais" apresentaria, segundo ele, dificuldades em fazer cumprir agora o que é preciso para salvar o futuro. Diante do impasse, ele prefere apostar na primeira alternativa.

Por isso, o novo estilo de vida não só diria respeito à moderação e à continência em sentido de consumo, mas também à imposição de "freio nos poderes" e nos êxitos, algo que é descrito por Jonas como uma "domesticação dos nossos impulsos *realizadores*" (TME, 79). Ou seja, o novo estilo de vida não nasce apenas da moderação do consumo, mas deve incluir também a moderação em todos os poderes – que podem incluir "grandes realizações", como o prolongamento da vida, o controle de comportamento e a manipulação genética. Nesses casos, não basta comprar menos ou melhor, mas é preciso limitar a produção industrial e agrária, a exploração dos recursos naturais e o incremento da eficiência técnica, e, no limite, o controle demográfico. Por isso, segundo Jonas, "talvez tenhamos de avançar do comedimento no uso do poder, que sempre foi aconselhável, ao comedimento na aquisição do poder" (TME, 80). A verdadeira liberdade, nesse caso, estaria em renunciar ao poder em benefício da vida, uma renúncia que é "dolorosa para o espírito criador", mas que se tornou urgente diante do perigo de extinção em massa e diante da grandiosidade dos poderes tecnológicos que, segundo Jonas, criam feridas para as quais não podem, de fato, oferecer remédio: "nem todas as feridas *são* curáveis, algumas são basicamente incuráveis, e inclusive mais além delas, entre os efeitos nocivos ameaçadores da grande técnica, há aqueles que continuam avançando por si mesmos e que nenhuma técnica pode deter, muito menos curar" (TME, 80). A audácia não pode mais ser admitida.

Jonas sabe também que "a modéstia – diferentemente daquilo a que se tem de renunciar – não é um valor que entusiasme, e sua arte é difícil de aprender" (TME, 81). Ao afirmar tal coisa, ele evoca o papel da educação na consolidação desses ideais que devem ser aprendidos, embora sejam de difícil aprendizagem. O único modo de que essa aprendizagem se consolide é por meio de um novo objeto: a *humanidade*, ou seja, "a humanidade inteira!" (TME, 81). É a criação, portanto, de uma consciência humana (compreendida como participação no destino de todos aqueles com os quais compartilhamos a humanidade), que se apresenta como um desafio para a educação. Em nome dessa consciência é preciso sacrificar-se, ou seja, desenvolver uma atitude de contenção e modéstia. Jonas é bastante claro sobre esse ponto: para que seja possível uma responsabilidade por um objeto abstrato, é preciso despertar um sentimento pela "humanidade". Ou seja, "o despertar, a manutenção, e inclusive a *fundamentação* de um sentimento pela 'humanidade' é uma importantíssima tarefa educativa e intelectual para o mundo de amanhã" (TME, 82).

Jonas destaca que é preciso que tal tarefa seja assumida como uma ação educativa e intelectual porque ela demanda a articulação da razão com o sentimento. Ora, tal tarefa começa com o mais próximo: "a causa supranacional da humanidade seria praticamente insustentável se tivesse como condição a negação do mais próximo" (TME, 82). A voz da humanidade, em sentido abstrato, se revela pela voz do mais próximo. É essa voz particular que a educação deve nos ajudar a ouvir, a fim de "obter deles o consentimento a ela *como a causa suprema*" (TME, 82). À educação, por isso, caberia nos salvar do fatalismo e do pessimismo que acabam levando a uma apatia e indiferença diante do perigo de que a humanidade, ela mesma, seja extinta. A educação pode ajudar a "elevar esse sentimento já encontrado, a conhecimento (...) [a respeito] da essência do homem e de sua posição no universo", sobre "o que se pode admitir na futura condição humana e o que há que se evitar a todo custo" (TME, 83). Note-se como, então, cabe à educação uma tarefa onto-antropológica e, ao mesmo tempo, uma tarefa ética. Nesses termos, haverá que ser necessário uma espécie de "renúncia à liberdade que se fará necessária em proporção ao crescimento de nosso poder e seus riscos de autodestruição" (TME, 84).

No fim, o papel da educação deve ser mostrar sempre que "para a disciplina imposta existe a alternativa da autodisciplina" (TME, 84), o que significa que a educação, ao alterar o nosso modo de vida, deve ajudar a fazer "um sacrifício voluntário da liberdade agora, para salvar o que há de mais importante nela para depois" (TME, 84). Enquanto continuarmos reivindicando a liberdade para consumir "os frutos de sua rapina" estaremos simplesmente levando adiante uma forma de vida cujos efeitos têm colocado em risco a própria humanidade. Contra essa atitude, é preciso que a educação nos ajude "a fazer algo para mudar o rumo de sua ameaça, modificando nisto e naquilo nossa forma de vida" (TME, 84). Assim, para Jonas: "a causa da humanidade se impulsionará a partir de baixo e não de cima" e embora as grandes decisões sejam de cunho político, "nós podemos preparar, invisivelmente, o solo para elas começando por nós mesmos" (TME, 85). Isso significa que é na ação cotidiana, no testemunho e na presença que o sentimento de responsabilidade é despertado.

Cabe à educação, portanto, assumir a responsabilidade como garantia de que a liberdade humana (tanto em termos individuais quanto, principalmente, políticos) seja preservada. A educação seria uma via para despertar "tanto a consciência moral quanto a competência qualificada na matéria" (TL, 187). Para Jonas, a educação tem um papel heurístico: "A educação nada mais é do que abrir os olhos para o que já é possível ver, para que cada um veja a mesma coisa. Os olhos atestam, como dissemos, uma competência e é precisamente por isso que esta visão deve ser simultânea, porque só graças ao conhecimento que resulta da união de vários especialistas é que se pode, em certa medida, apreciar plenamente a enorme extensão do problema." (TL, 187). Só uma visão compartilhada do problema, portanto, seria capaz de criar uma opinião pública não só capaz de mudar as próprias atitudes diante do problema ambiental, mas também pressionar os homens públicos para que orientem as políticas para a proteção da natureza e a contenção dos danos. Tratar-se-ia, portanto, do desafio de desenvolver um "discernimento realista e de uma preocupação pública" (TL, 187) em vista de salvaguardar o futuro.

A grande bifurcação

Trata-se, portanto, de respeitar os limites e optar por um estilo de vida que seja mais ambientalmente adequado, colocando fim à superexploração, ao hiperconsumo e ao desperdício que, como sugeriu Solón (2019), são os motores do sistema capitalista "que exige crescimento infinito de um planeta finito" e cujos legados para as gerações futuras são "o aumento da desigualdade e a destruição dos ciclos vitais da natureza".

Como reza o texto final da Conferência Mundial dos Povos sobre Mudança Climática e os Direitos da Mãe Terra, realizada em 2010, é preciso reconhecer que "a humanidade está diante de uma grande bifurcação: continuar pelo caminho do capitalismo, do patriarcado, do progresso e da morte, ou empreender o caminho da harmonia com a natureza e o respeito à vida". Jonas, nesse caso, deixa clara a sua posição, sustentada pela ideia de responsabilidade.

Os adeptos das teorias do decrescimento e mesmo do Bem Viver insistem na ideia de que é preciso colocar freios ao afã capitalista não apenas por meio de um crescimento negativo ou mesmo de uma recessão provocada pela estagnação do Progresso. Antes, trata-se de "uma escolha política que conduz à redução voluntária e antecipada da utilização da energia e dos recursos, à redefinição das necessidades e à escolha da 'abundância frugal'" (AZAM, 2019, p. 73). Nessa medida, a busca pela frugalidade proposta por Jonas adere à ideia de "decrescimento sustentável" que substitui a expansão desmedida pelo respeito aos limites da natureza. Trata-se de uma crítica mordaz ao economicismo e ao desenvolvimentismo que mobilizam a nossa sociedade. Tal proposta dá expressão a várias correntes do pensamento crítico: "crítica do mercado e da globalização, da técnica e da tecnociência, do antropocentrismo e da racionalidade instrumental, do homo economicus e do utilitarismo, de excesso", encarnando-se "nos movimentos sociais que rejeitam a aceleração, a globalização econômica e financeira, a extração massiva de recursos, a exploração energética, a publicidade e o consumismo, a injustiça social e ambiental" (AZAM, 2019, p. 76). Segundo Azam, isso tudo se resume na ideia de frugalidade, que deve ser aceita como uma qualidade do ser econômico, uma forma de "sair da heteronomia imposta pela dominação tecnocientífica e pelo neoliberalismo" (2019, p. 81). A frugalidade é também, como vimos, a virtude central dos novos tempos segundo Hans Jonas, enquanto Latouche (2009, p. 3) fala de uma "simplicidade voluntária"[85].

Ora, isso tudo só se torna viável quando se questiona o próprio conceito de globalização socioeconômica em vigor. Pablo Solón chamou isso de "desglobalização", apelando para processos de restruturação da

[85] Sobre esse tema tomo a liberdade de indicar meu livro *Elogio à simplicidade* (Curitiba: PUCPRess, 2021).

economia a partir do local[86], ou seja, dos anseios e potenciais das comunidades que vivem e conhecem as consequências negativas que o Progresso tem provocado: "desglobalizar-se é questionar o processo dominado pela lógica do capital e de uma suposta racionalidade econômica que erode a capacidade de decisão das pessoas e dos Estados" e, para isso, trata-se de "pensar e construir uma integração em função das necessidades dos povos, das nações, das comunidades e dos ecossistemas" (2019, p. 175).

Latouche (2009, p. XIII) fala em uma urgente mudança na nossa dieta existencial capaz de superar a ideia de um crescimento pelo crescimento: é preciso, segundo o autor, "denunciar o 'frenesi das atividades humanas' ou o desgoverno do motor do progresso" e, para isso, realizar uma crítica da "megamáquina tecnoeconômica capitalista e mercantil", dado que "um crescimento infinito é incompatível com um mundo finito" (2009, p. XIV). Essa nova dieta deveria substituir o "disparate ecológico" do Progresso, na medida em que pensaria uma bioeconomia, ou seja, uma economia dentro dos limites e da responsabilidade ambiental. Tal dieta deveria nos ajudar a superar a "bulimia consumista", o "*workaholismo*", o "consumo excessivo de antidepressivos", o hiperconsumo dos "bens de consolação", o "delírio quantitativo", a "*hybris* como desmedida", e todas as demais formas cotidianas de comportamento que fizeram do Progresso o verdadeiro "câncer da humanidade". No seu lugar, uma dieta da serenidade e da convivialidade capaz de equilibrar a difícil equação entre uso de recursos e geração de resíduos. Para Latouche seria necessário "decretar desde já uma moratória para reservar o que ainda está disponível para as espécies animais e vegetais em questão" (2009, p. 30). A frugalidade, nesse caso, constitui-se como alternativa à lógica da desmedida que acompanha a história do Progresso até aqui. Nas palavras de André Gorz, "para viver melhor, é preciso daqui em diante produzir e consumir de outra maneira, fazer melhor e mais com menos, eliminando, para começar, as fontes de desperdício (exemplo: as embalagens perdidas, o mau isolamento térmico,

[86] Serge Latouche também fala nos mesmos termos: o localismo seria uma das vias propostas para superação do Progresso, na forma de uma *re*localização que aparece como alternativa à globalização (2009, p. VIII). O autor retoma, nesses termos, o pensamento de Murray Bookchin a respeito do municipalismo libertário e da democracia ecológica local (2009, p. 59), organizada em torno das biorregiões e das ecópolis.

a prevalência do transporte rodoviário etc.) e aumentando a durabilidade dos produtos" (1991, p. 194).

Esse é o modo como, nessa bifurcação da história, temos de optar pelo caminho certo: o caminho da proteção, da sobriedade, da convivialidade e da corresponsabilidade. Não para retomar um passado miserável e sofrido, mas para desenharmos um futuro promissor para a nossa espécie que, em sua fragilidade, depende da existência das demais formas de vida. Só assim estaremos mais próximos do que interessa: a *felicidade* que, dissociada da compulsão consumista, poderá nos conduzir a uma vida na qual se desfrute, prioritariamente, aquilo que não se pode comprar. Ailton Krenak (2022, p. 3) chamou isso de "futuro ancestral", cuja formulação é uma alternativa à ilusão do progresso: "nossos pais dizem que já estamos chegando perto de como era antigamente", diz o jovem que carrega o futuro na superfície da água, escondido no fundo dos rios até o fundo das florestas. Nesse ponto, temos muito o que aprender das chamadas *culturas da gratidão*, que compreendem a Natureza como um dom a ser reverenciado e respeitado e não um mero objeto a ser explorado. É preciso urgência, afinal, para evitar o destino das águias de Ésquilo, que eram abatidas pelas próprias asas transformadas em flechas mortais.

Referências

ACOSTA, Alberto. *O bem viver.* Uma oportunidade para imaginar outros mundos. Tradução de Tadeu Breda. São Paulo: Autonomia Literária; Elefante, 2016.

ALIER, Joan Martinez. *L'Écologisme des pauvres. Une étude des conflits environnementaux dans le monde.* Paris: Les Petits Matins, 2014.

ARISTÓTELES. *Metafísica.* Trad. Marcelo Perine. São Paulo: Loyola, 2002.

AZAM, Geneviève. Decrescimento. *In*: SOLÓN, Pablo (org.) *Alternativas Sistêmicas.* Bem viver, decrescimento, comuns, ecofeminismo, direitos da Mãe Terra e desglobalização. Tradução de João Peres. São Paulo: Elefante, 2019, p. 65-84.

BAUDELAIRE, Charles. "Exposition universelle, 1855". *Curiosités esthétiques.* Paris: Michel Lévy frères, 1868.

BENOIST, Alain de. A brief history of the Idea of Progress. Translated by Greg Johnson. The Occidental Quarterly, vol. 8, no. 1, Spring 2008.

BOSTROM, Nick. Una historia del pensamiento transhumanista. *Argumentos de Razón Técnica*, n. 14, 2011, p. 157-191.

BOURG, Dominique. *Une nouvelle Terre.* Paris: Desclée de Brouwer, 2018.

BRUNDTLAND, Gro Harlem. COMISSÃO MUNDIAL SOBRE MEIO AMBIENTE E DESENVOLVIMENTO – 1988. *Nosso Futuro Comum* (Relatório Brundtland). Rio de Janeiro: Fundação Getúlio Vargas, 1988.

BUCHANAN, Allen; BROCK, Dan; DANIELS, Norman; WILKER, Daniel. *From Chance to Choice.* Genetics and Justice. Cambridge: Cambridge University Press, 2001.

BURY, J. B. *The Idea of progress: An inquiry into its origin and growth.* New York: Dover Publications, Inc., 2014.

CALLICOTT, J. Baird. *Thinking like a Planet.* The Land Ethic and the Earth Ethic. Oxford: Oxford Universtity Press, 2013.

CARSON, Rachel. *A primavera silenciosa.* São Paulo: Gaia, 2010.

CECHIN, Andrei. *A natureza como limite da economia.* A contribuição de Nicholas Georgescu-Roegen. São Paulo: Editora Senac São Paulo/Edusp, 2010.

CHAKRABARTY, Dipesh. *O Clima da História:* quatro teses. *Sopro 91*, 2013.

DELFOUR, Jean-Jacques. *La Condition nucléaire. Réflexions sur la situation atomique de l'humanité.* Paris: Éditions l'Échappée, 2014.

DOUTHAT, Ross. *La sociedade decadente.* Cómo nos hemos convertido em víctimas de nuestro próprio êxito. Trad. Beatriz Ruiz Jara. Barcelona: Editorial Ariel, 2021.

DUPUY, Jean-Pierre. *La catastrophe ou la vie.* Pensèes par temps de pandémie. Paris: Éditions du Seuil, 2021.

DUPUY, Jean-Pierre. *Pour un catastrophisme éclairé.* Quand l'impossible est certain. Paris: Seuil, 2002. Edição em Português: DUPUY, Jean-Pierre. O tempo das catástrofes: quando o impossível é uma certeza. Tradução Lilia Ledon da Silva. São Paulo: É Realizações, 2011.

DÚRAN, Ramón Fernández. *El Antropoceno.* La expansión del capitalismo global choca con la bioesfera. 2. ed. revisada. Prólogo y revisión Adrián Almazán. Barcelona: Virus editorial, 2022.

FABRE, Michel. Éduquer pour un monde problématique: la carte et la boussole. Presses Universitaires de France, 2015.

FERDINAND, Malcom. *Uma ecologia decolonial.* Pensar a partir do mundo caribenho. Tradução de Letícia Mei. Prefácio de Angela Y. Davis. Posfácio de Guilherme Moura Fagundes. São Paulo: Ubu Editora, 2022.

FOURIER, Charles. *La Fausse Industrie: morcelée, répugnante, mensongère, et l'antidote: l'industrie naturelle, combinée, attrayante, véridique.* In: Œuvres completes, v. 1. Bossange: 1835.

FRESSOZ, Jean-Baptiste; BONNEUIL, Christophe. *L'événement anthropocène: La Terre, l'histoire et nous.* Paris: Le Seuil, 2013.

FROGNEUX, N. O medo como virtude de substituição. *In:* NOVAES, A. *Ensaios sobre o medo.* São Paulo: Editora Senac São Paulo; Edições Sesc SP, 2007, p. 187-207.

FUNDAÇÃO MARY ROBINSON. *Principles of climate justice.* Disponível em: https://www.mrfcj.org/principles-of-climate-justice/ Acesso em: 9 mar. 2023.

FURTADO, Celso. *O Mito do Desenvolvimento Econômico*. 2. ed. São Paulo: Paz e Terra, 1998.

GEORGESCU-ROEGEN, Nicholas. *La Décroissance. Entropie, écologie, économie*. Prefácio e tradução de Ivo Rens e Jacques Grinevald. Paris: Sang de la terra, 2006.

GORZ, André. *Capitalisme, socialisme, écologie. Désorientations, orientations*. Paris: Galilée, 1991.

GREISCH, J. « L'heuristique de la peur » ou qui a peur de Hans Jonas ? In: DILLENS, Anne-Marie (dir.). *La peur*. Émotion, passion, raison. Bruxelles: Presses de l'Université Saint-Louis, 2006, p. 115-141.

GUDYNAS, Eduardo. *Direitos da natureza*. Ética biocêntrica e políticas ambientais. Tradução de Igor Ojeda. São Paulo: Elefante, 2019.

HARAWAY, Donna. *Antropoceno, Capitaloceno, Plantationoceno, Chthuluceno*: fazendo parentes. Disponível em: http://climacom.mudancasclimaticas.net.br/antropoceno-capitaloceno-plantationoceno-chthuluceno-fazendo-parentes/ Acesso em: 14 mar. 2023.

HARRIS, John. *Enhancing evolution*. The ethical case for making better people. Princeton and Oxford: Princeton University Press, 2007.

HUZAR, Eugène. *La fin du monde par la Science*. Introduction de Jean-Baptiste Fressoz et posface de Bruno Latour. Paris: Èditions Ère, 2008.

JAMESON, Frederic. Future City. *New Left Review*, n° 21, mai-juin 2003.

JARRIGE, François. *On arête (parfois) le progrès*. Histoire et décroissance. Paris: L'échappée, 2022.

JONAS, Hans. *Ensaios filosóficos*: da crença antiga ao homem tecnológico. Trad. Wendell E. S. Lopes. São Paulo: Paulus, 2017. (Col. Ethos).

JONAS, Hans. *O princípio responsabilidade*: ensaio de uma ética para a civilização tecnológica. Trad. Marijane Lisboa, Luiz Barros Montez. Rio de Janeiro: Contraponto: Ed. PUCRio, 2006.

JONAS, Hans. *O princípio vida: fundamentos para uma biologia filosófica*. Trad. Carlos Almeida Pereira. Petrópolis: Vozes, 2004.

JONAS, Hans. Reflections on Technology, Progress and Utopia. *Social Research*, Autumn 1981, v. 48, n. 3, 411-455.

JONAS, Hans. *Técnica, medicina e ética*. Sobre a prática do princípio responsabilidade. Tradução do Grupo de trabalho Hans Jonas da ANPOF. São Paulo: Paulus, 2013 (Col. Ethos).

KRENAK, Ailton. *Futuro ancestral.* São Paulo: Cia das Letras, 2022.

LABOULAYE, Édouard. *Le Progrès.* Paris: Librairie de Gorce-Cadot, 1869.

LARRÈRE, Catherine; LARRÈRE, Raphaël. *Le pire n'est pas certain. Essai sur l'aveuglement catastrophiste* Paris: Premier Parallèle, 2020.

LATOUCHE, Serge. *Pequeno Tratado do decrescimento sereno.* Tradução de Claudia Berliner. São Paulo: editora WMF Martins Fontes, 2009.

LATOUCHE, Serge. *Survivre au développement.* Paris: Mille et une nuits, 2004.

LATOUR, Bruno. *Onde aterrar.* Rio de Janeiro: Bazar do Tempo, 2020.

LEIBNIZ, Gottfried W. *La naissance du calcul différentiel.* Int. e notas de M. Parmentier. Paris: Vrin, 1959.

LEFF, Enrique. *Ecologia política.* Da desconstrução do capital à territorialização da vida. Tradução de Jorge Calvimontes. Campinas: Editora da Unicamp, 2021.

LEOPOLD, Aldo. *Almanaque de um condado arenoso e alguns ensaios sobre outros lugares.* Tradução de Rômulo Ribon. Belo Horizonte: Editora UFMG, 2019.

MACASKILL, William. *What we owe the future.* New York: Basic Books, 2020.

MAGALHÃES, Gildo. *Ciência e ideologia: uma excursão à história em torno da ideia de Progresso.* São Paulo: Intermeios; USP – Programa de Pós-Graduação em História Social, 2017. (Col. Entr(H)istória).

MEADOWS, Donella H.; MEADOWS, Dennis L.; RANDERS, Jorgen; BEHRENS III, W. W. *Limites do Crescimento: Um relatório para o projeto do Clube de Roma sobre o dilema da humanidade.* São Paulo: Editora Perspectiva, 1973.

MEADOWS, Donella; RANDERS, Jorgen; MEADOWS, Dennis. *Limites do crescimento*: a atualização de 30 anos. Tradução de Celso Roberto Paschoa; Revisão técnica de Maria Isabel Castro. Rio de Janeiro: Qualitymark, 2007.

METZ, Johann Baptist. *La fe en la historia y la sociedade.* Madrid: Cristiandad, 1979.

MORENO, C.; SPEICH, D.; FUHR, L. *A métrica do carbono:* abstrações globais e epistemicídio ecológico. Rio de Janeiro: Fundação Heinrich Böll, 2016.

NISBET, Robert. *História da ideia de Progresso.* Trad. de Leopoldo José Collor Jobim. Brasília: Editora Universidade de Brasília, 1985. (Coleção Pensamento Cientifico, 21)

NOBLE, David F. *The Religion of Technology*: The Divinity of Man and the Spirit of Invention. New York: Alfred A. Knopf, 1997.

OLIVEIRA, Jelson. *Elogio à simplicidade.* Curitiba: PUCPRess, 2021.

OLIVEIRA, Jelson R. de . Para uma *ethical turn* da tecnologia: por que Hans Jonas não é um tecnofóbico. *TRANS/FORM/AÇÃO: Revista de Filosofia, [S. l.]*, v. 45, n. 2, p. 191–206, 2022. DOI: 10.1590/0101-3173.2022.v45n2.p191. Disponível em: https://revistas.marilia.unesp.br/index.php/transformacao/article/view/11953. Acesso em: 27 fev. 2023.

OLIVEIRA, Jelson. *Negação e poder: do desafio do niilismo ao perigo da tecnologia.* Caixas do Sul: EDUCS, 2018.

OLIVEIRA, Jelson R. de. Le statut heuristique de la crainte dans la réflexion éthique de Hans Jonas. *Alter Revue de Phénomenologie*, v. 22, p. 195-209, 2014.

OLIVEIRA, Jelson R. de. Niilismo e tecnologia. *Filosofia Unisinos (Impresso)*, v. 21, p. 73-78, 2020.

OLIVEIRA, Jelson R. de; LOPES, Wendell E. S. *Transumanismo: o que é, quem vamos ser.* Caxias do Sul: EDUCS, 2020.

ORD, Toby. *The Precipice: Existential Risk and the Future of Humanity.* London: Bloomsbury, 2020.

ORESKES, Naomi; CONWAY, Erik M. *Les Marchands de doute.* Paris: Le Pommier, 2012.

PERSSON, Ingmar; SAVULESCU, Julian. *Inadequado para o futuro:* a necessidade de melhoramentos morais. Tradução Brunello Stancioli. Belo Horizonte: Editora UFMG, 2017.

POMMIER, Eric. *La démocratie environnementale: préserver notre part de nature.* Paris: PUF, 2022.

PROCTOR, Robert N. (éd.). *Agnotology: The Making and Unmaking of Ignorance.* Redwood City: Stanford University Press, 2008.

ROBINSON, Mary. *Justiça Climática.* Esperança, resiliência e a luta por um futuro sustentável. Tradução de Leo Gonçalves e Clóvis Marques. 1. ed. Rio de Janeiro: Civilização Brasileira, 2021.

ROSA, Harmut. *Aceleraçao: a transformação das estruturas temporais na Modernidade*. Tradução de Rafael H. Silveira; revisão técnica de João Lucas Tziminadis. São Paulo: Editora Unesp, 2019.

ROSSI, Paolo. *Naufrágios sem espectador*: A ideia do Progresso. Tradução de Álvaro Lorencini. São Paulo: Editora Unesp, 2000.

SEABROOK, Jeremy. *The Race for Riches. The Human Cost of Wealth*. Basingstoke: Marshal Pickering, 1988.

SERVIGNE Pablo; STEVEN, Raphaël. *Comment tout peut s'effondrer, petit manuel de collapsologie à l'usage des générations presentes*. Paris: Seuil, 2015.

SERVIGNE, Pablo; STEVENS, Raphaël; CHAPELLE, Gauthier. *Une autre fin du monde est possible*. Paris: Le Seuil, 2018 (Coll. Anthropocène)

SERVIGNE, Pablo; STEVENS, Raphaël; *Comment tout peut s'effondrer. Petit manuel de collapsologie à l'usage des générations presentes*. Paris: Le Seuil, 2015 (Coll. Anthropocène).

SOLÓN, Pablo (org.) *Alternativas Sistêmicas*. Bem viver, decrescimento, comuns, ecofeminismo, direitos da Mãe Terra e desglobalização. Tradução de João Peres. São Paulo: Elefante, 2019.

SOREL, Georges. *The illusions of Progress*. Translated by John and Charlotte Stanley, with a foreword by Robert A. Nisbet and an introduction by John Stanley. London; Berkeley; Los Angeles: University of California Press, 1969.

WACKERNAGEL, M.; REES W. Our ecological footprint: The new catalyst bioregional series. Gabriola Island, B.C.: New Society Publishers, 1996.

WEBER, Max. A ética protestante e o "espírito" do capitalismo. Tradução José Marcos Mariani de Macedo. Revisão técnica, edição de texto, apresentação, glossário, correspondência vocabular de Antônio Flávio Pierucci. São Paulo: Cia das Letras, 2004.

WWF. *Pegada ecológica global*. Disponível em: https://www.wwf.org.br/natureza_brasileira/especiais/pegada_ecologica/pegada_ecologica_global/ Acesso em: 14 mar. 2023.

UN. United Nation. Department of Social and Economic Affairs. *Measures for the Economic Development of Underdeveloped Countries: report by a Group of Experts appointed by the Secretary-General of the United Nations*, 1951. Disponível em: https://digitallibrary.un.org/record/708544 Acesso em: 23 mar. 2023.

VATTIMO, Gianni. *O fim da modernidade.* Niilismo e hermenêutica da cultura pós-moderna. São Paulo: Martins Fontes, 2002.

ZAFRANI, Avishag. *Le défi du nihilisme. Ernest Bloch et Hans Jonas.* Paris: Hermann, 2014. (Col. Philosophie).

ZASK, Joëlle. *Écologie et démocratie.* Paris: Premier Parallèle, 2022.

pólen bold 90 gr/m2
tipologia garamond
impresso no outono de 2023